Mon année de maths

CP
Cycle 2

Fichier de l'élève

Marie-Sophie Mazollier
Certifiée de mathématiques, professeur en ESPE

Éric Mounier
Chercheur en didactique des mathématiques, maître de conférences, professeur en ESPE

Nathalie Pfaff
Docteur en sciences de l'éducation, professeur en ESPE

Ce fichier appartient à : ....

éditions sed

Sommaire par périodes

Séquences du fichier de l'élève

Sommaire par périodes

Sommaire par domaines

Nombres et calculs

Espace et géométrie

Grandeurs et mesures

Comment fonctionne ton fichier ?

Le titre de la séquence et le domaine mathématique.

Les pictogrammes renvoient au matériel prédécoupé, autocollant, ou calque pour les corrections.

Le calcul mental de la semaine.

L'encadré « Ce que j'ai découvert » synthétise les apprentissages des activités de découverte.

Les exercices d'entraînement se présentent toujours sous la forme d'une même consigne pour plusieurs items, afin de favoriser l'autonomie ou la différenciation.

L'objectif de la séance.

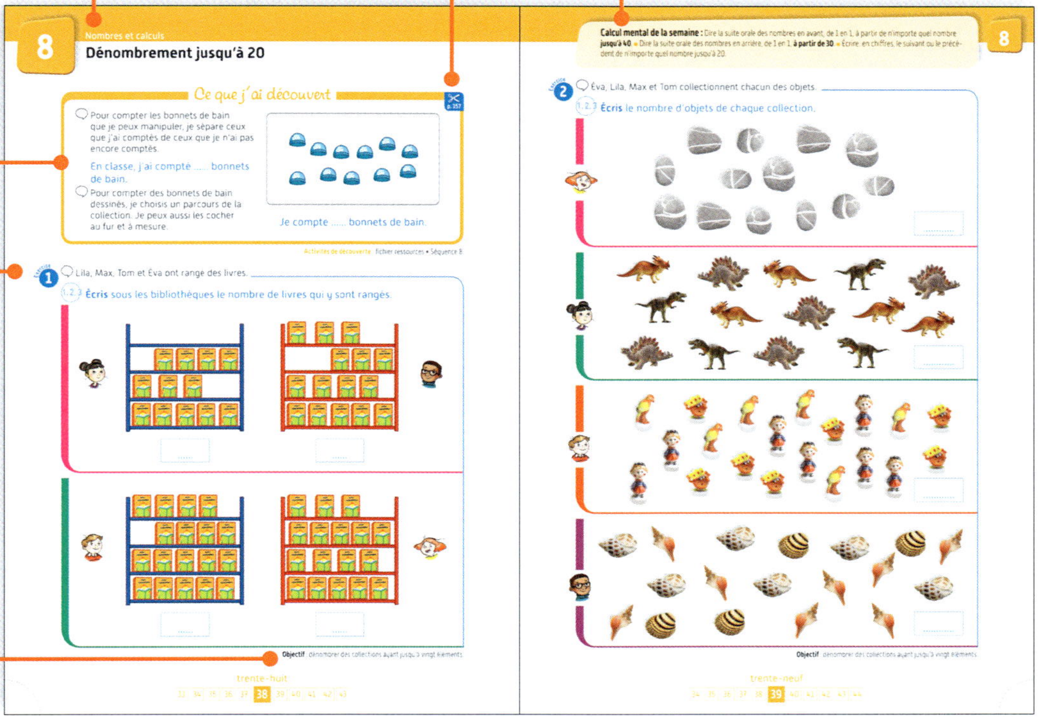

Des exercices supplémentaires sont proposés dans le fichier ressources.

La cinquième et dernière séance.

Un exercice de différenciation pour revenir sur les compétences travaillées lors des séances précédentes.

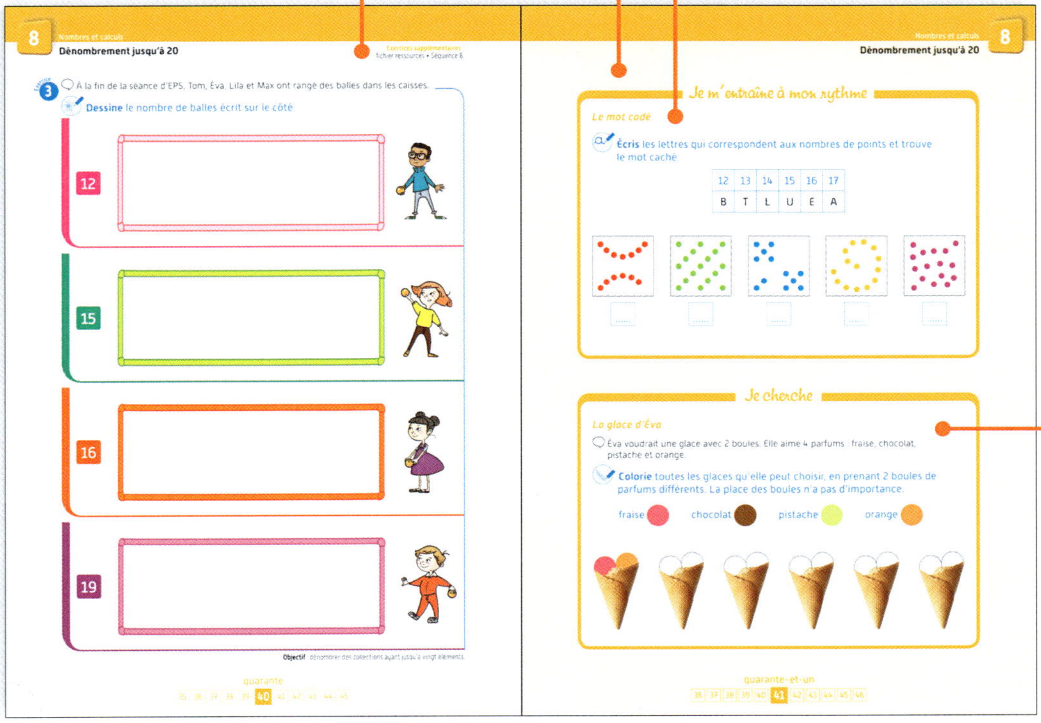

Un problème ouvert pour développer des compétences transversales, des compétences de chercheur.

Autant que, plus que, moins que

Ce que j'ai découvert

Parfois, je vois immédiatement où il y en a le plus, sinon je peux faire des couples.

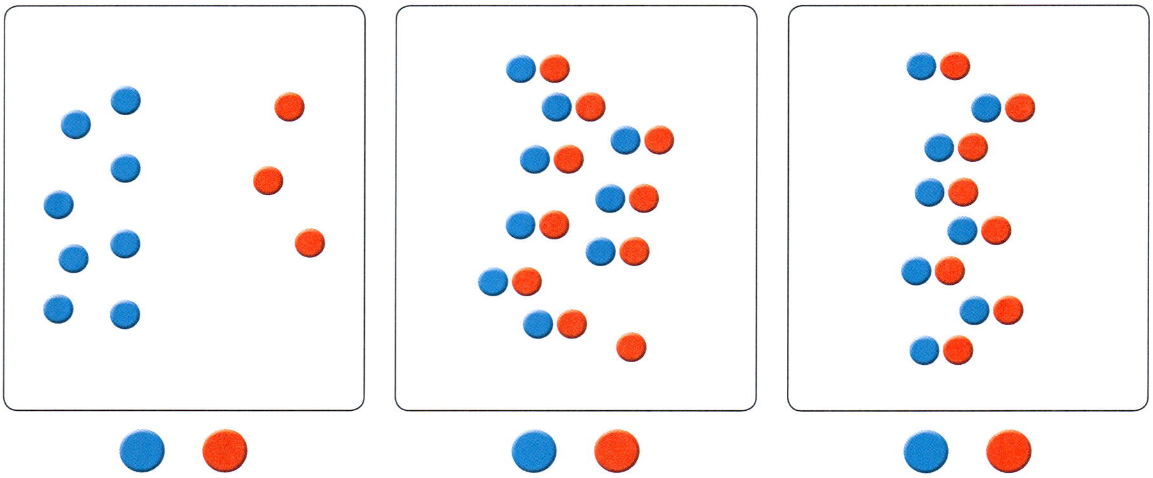

J'entoure le rond de la couleur où il y en a le plus.
Quand il y en a autant, j'entoure les deux.

Activités de découverte : fichier ressources • Séquence 1.

Exercice 1

Tom et Lila ont joué au jeu de cartes. Ils ont fait 2 parties.

Entoure à chaque fois celui qui a gagné le plus de jetons ou les deux s'ils en ont autant.

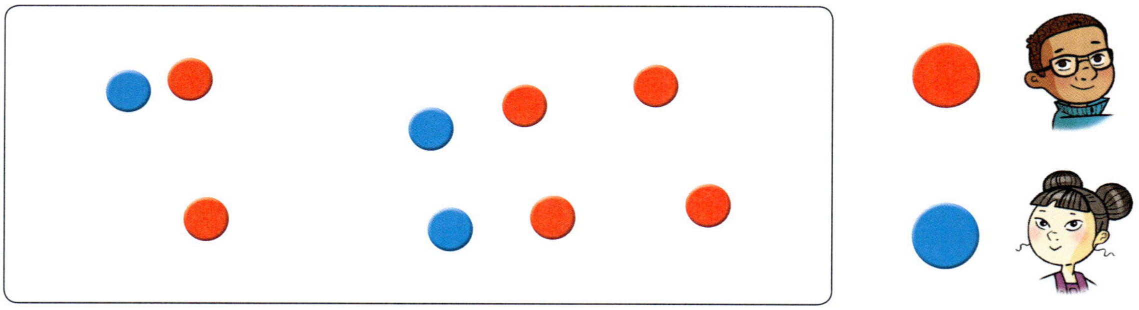

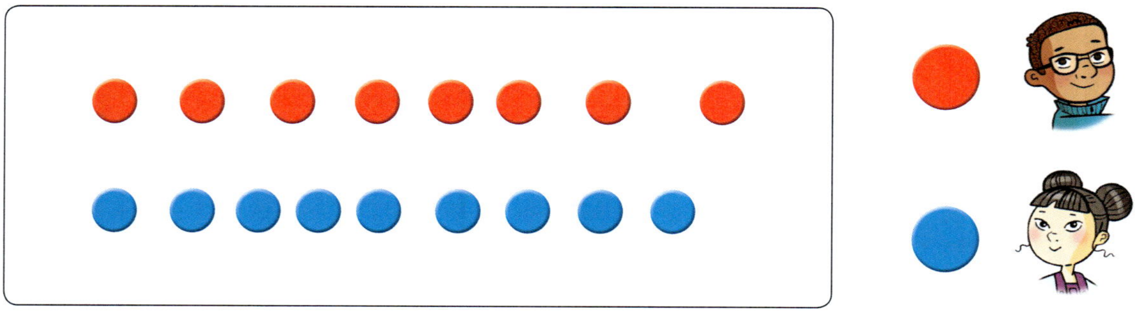

Objectif : comparer des collections par correspondance terme à terme.

Calcul mental de la semaine : Dire la suite orale des nombres en avant, de 1 en 1, à partir de 1 jusqu'à 10.
- Représenter, avec ses doigts, une quantité (inférieure ou égale à 5) donnée oralement.

Exercice **2** Max et Éva ont joué au jeu de cartes. Ils ont fait 2 parties.

Entoure à chaque fois celui qui a gagné le plus de cubes ou les deux s'ils en ont autant.

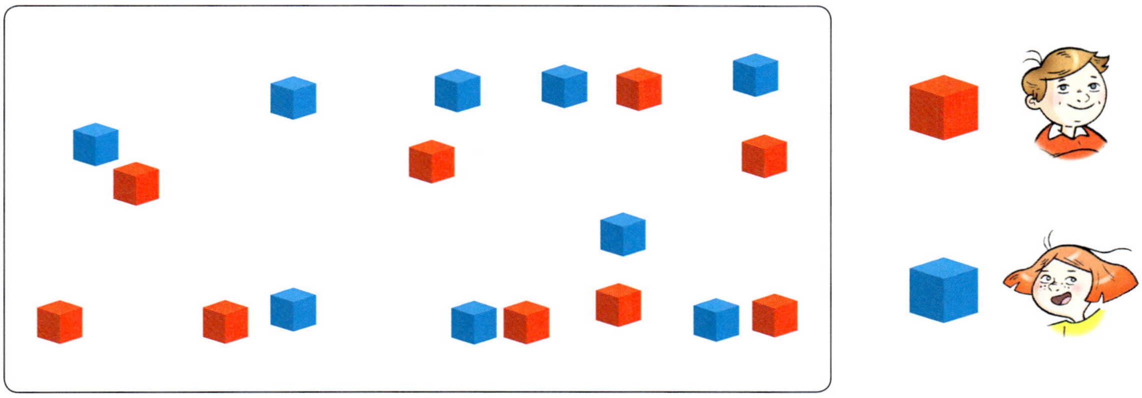

Objectif : comparer des collections par correspondance terme à terme.

Autant que, plus que, moins que

Exercices supplémentaires : fichier ressources • Séquence 1.

Exercice 3

Entoure l'objet de la collection où il y en a le plus.
S'il y en a autant, **entoure** les deux objets.

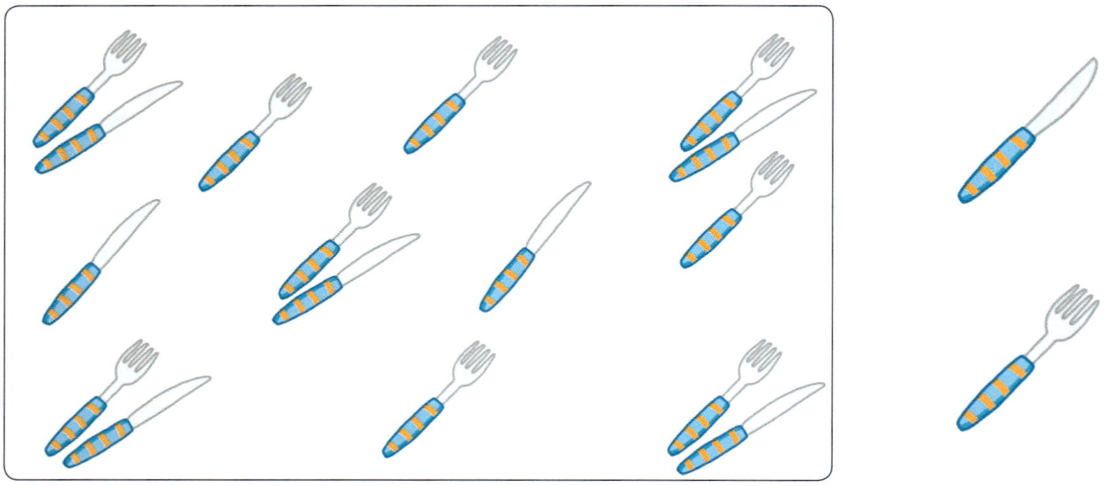

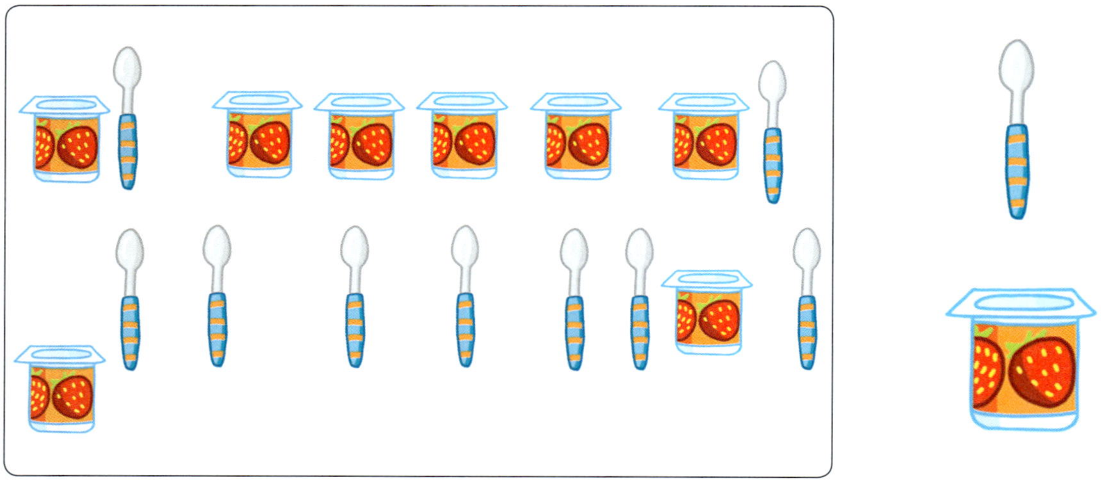

Objectif : comparer des collections par correspondance terme à terme.

Je m'entraîne à mon rythme

La partie de Lila et Éva

Lila et Éva ont joué au jeu de cartes.

Entoure celle qui a gagné le plus de cubes ou les deux si elles en ont autant.

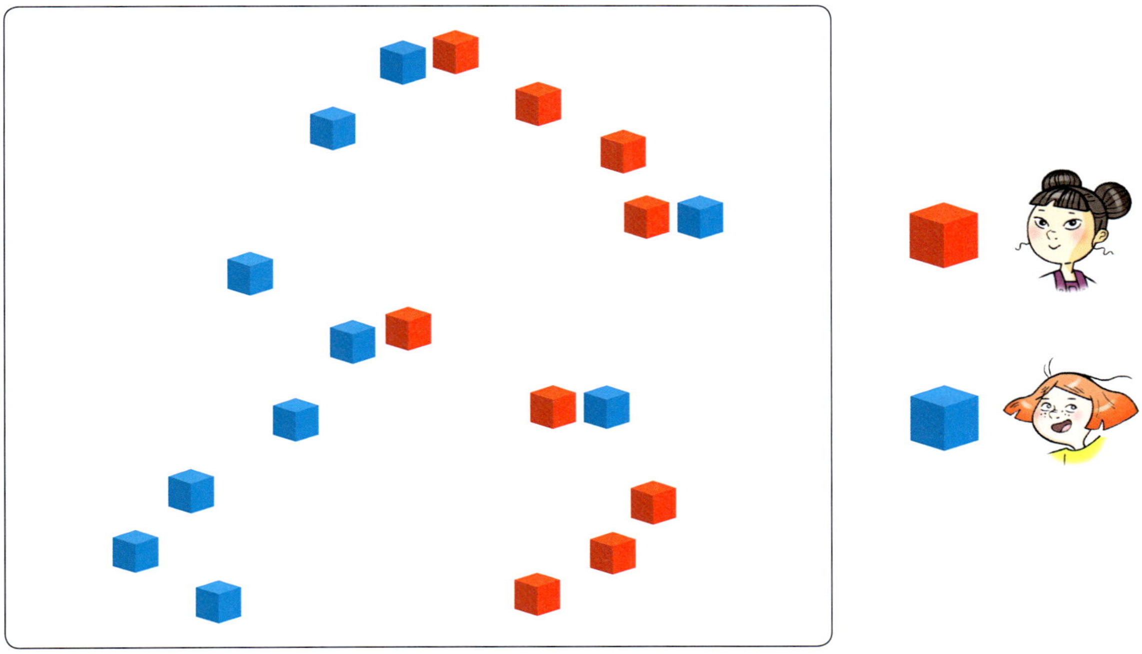

Je cherche

Un peu de logique

Observe bien les dessins. Tom a voulu suivre une logique, mais il lui manque un dessin.

Trouve lequel et **dessine**-le.

Dénombrement jusqu'à 4, puis 10

Ce que j'ai découvert

p. 145

Je reconnais les quantités de un à quatre et les écritures chiffrées.

main | chiffre

main | chiffre

main | chiffre

main | chiffre

Je colle les représentations du nombre.

Activités de découverte : fichier ressources • Séquence 2.

Exercice 1

Tom, Éva, Lila et Max ont rangé des livres sur des étagères.

Entoure l'étagère où le nombre de livres est celui qui est écrit sur le côté.

2

A 

B 

1

C 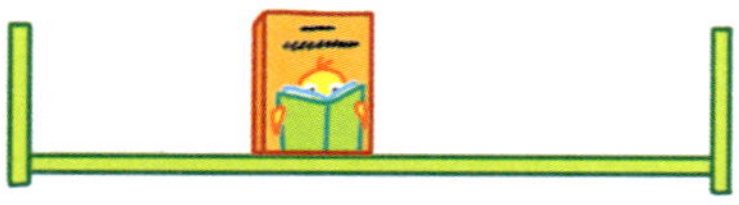

D 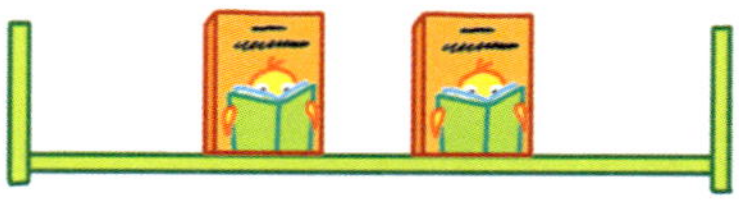

4

E 

F 

3

G 

H 

I 

Objectif : dénombrer des collections ayant jusqu'à quatre éléments.

Calcul mental de la semaine : Dire la suite orale des nombres en avant, de 1 en 1, **à partir de n'importe quel nombre** jusqu'à 10. • Représenter avec ses doigts une quantité (jusqu'à 10) donnée oralement. • Écrire en chiffre la quantité d'une collection montrée (jusqu'à 5 pour les deux premières séances, et jusqu'à 10 pour les suivantes).

Ce que j'ai découvert

p. 145

Je reconnais les quantités de cinq à dix et les écritures chiffrées.

main | chiffre

main | chiffre

main | chiffre

main | chiffre

main | chiffre

main | chiffre

Je colle les représentations du nombre.

Activités de découverte : fichier ressources • Séquence 2.

Exercice 2

Tom et Éva ont rangé des livres sur des étagères.

Entoure l'étagère où le nombre de livres est celui qui est écrit sur le côté.

6

A 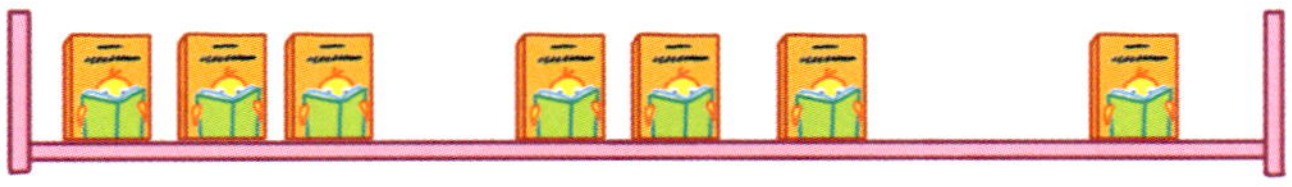

B 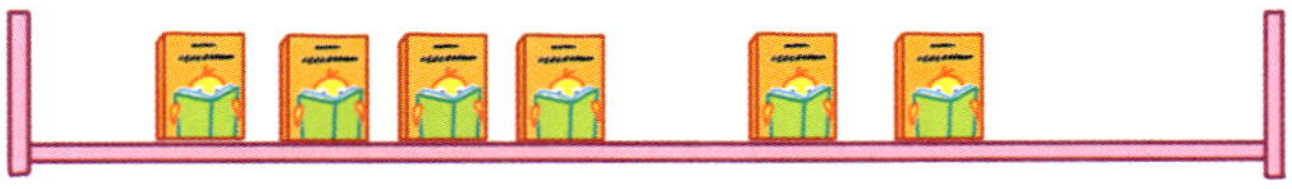

8

C 

D 

E 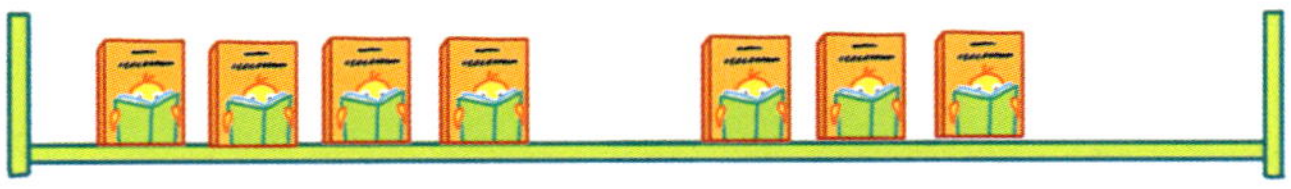

Objectif : dénombrer des collections ayant jusqu'à dix éléments.

Dénombrement jusqu'à 4, puis 10

Exercices supplémentaires : fichier ressources • Séquence 2.

Exercice 3

Lila et Max ont rangé des ballons dans les caisses.
Le nombre de ballons est écrit sur le côté.

Dessine ces ballons.

3

1

6

9

7

Objectif : réaliser une collection en ayant un nombre d'éléments donné (inférieur à dix).

Je m'entraîne à mon rythme

Le coloriage magique

Colorie selon le code.

1 :   2 :   3 :   4 :   5 :

Je cherche

Les 6 différences

Éva et Tom ont voulu s'installer à leur table de la même façon, mais il y a 6 différences.

Entoure ce qui est différent sur les deux tables.

Résolution de problèmes numériques (1)

Ce que j'ai découvert

Lorsque je connais le nombre de feutres et le nombre de crayons de couleur que je réunis, je peux calculer le nombre total d'objets.

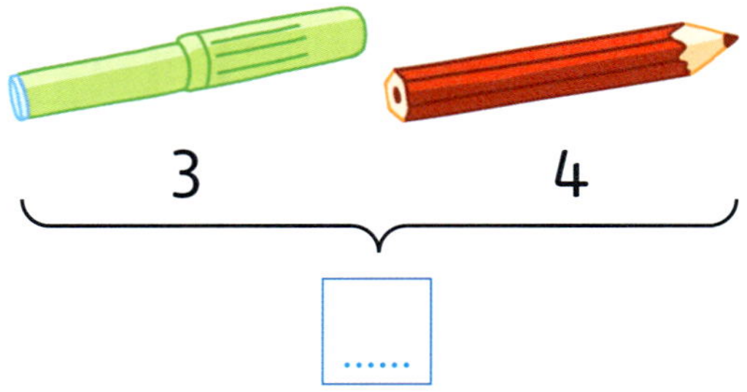

J'additionne les deux nombres.

Activités de découverte : fichier ressources • Séquence 4.

Exercice 1 (1, 2, 3) **Écris** le nombre total d'objets. Tu peux utiliser la frise numérique.

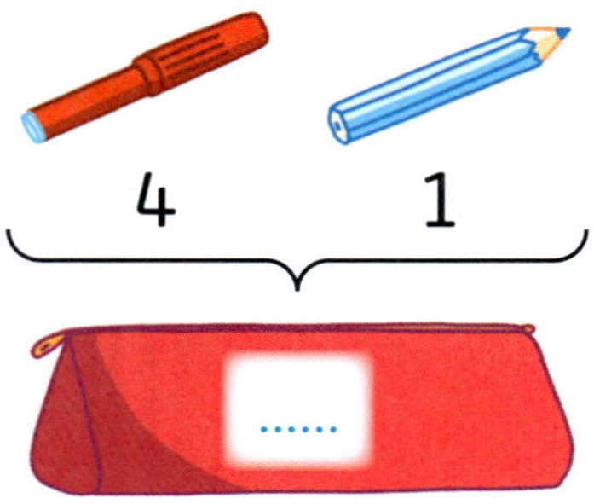

0	1	2	3	4	5	6	7	8	9	10
X										

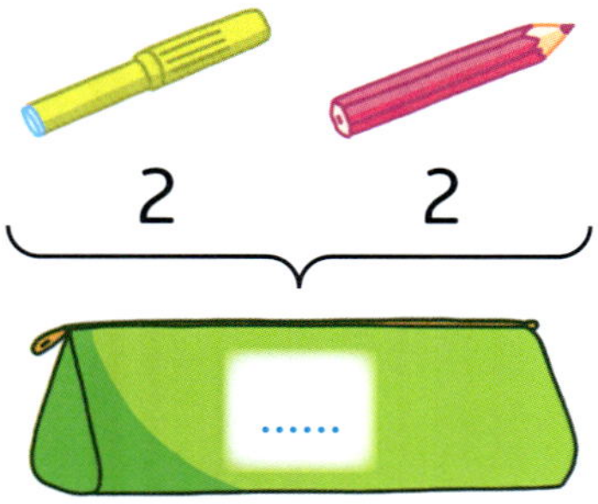

0	1	2	3	4	5	6	7	8	9	10
X										

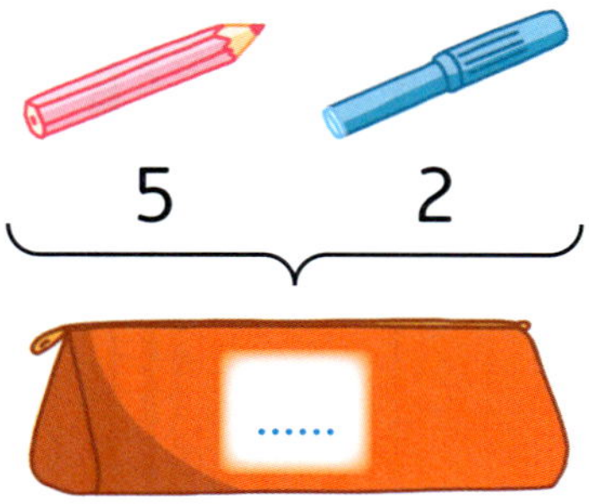

0	1	2	3	4	5	6	7	8	9	10
X										

Objectif : déterminer le nombre d'éléments d'une réunion de deux collections.

Calcul mental de la semaine : Dire la suite orale des nombres en avant, de 1 en 1, **à partir de n'importe quel nombre** jusqu'à 20. • Dire la suite orale des nombres en arrière, de 1 en 1, à partir de 10. • Lire et écrire les nombres **jusqu'à 20**.

Exercice 2

Max, Lila et Tom ont fait des compotes.

1, 2, 3 **Écris** le nombre total de fruits que chacun a utilisés.

0	1	2	3	4	5	6	7	8	9	10
X										

0	1	2	3	4	5	6	7	8	9	10
X										

0	1	2	3	4	5	6	7	8	9	10
X										

Objectif : déterminer le nombre d'éléments d'une réunion de deux collections.

Résolution de problèmes numériques (1)

Exercices supplémentaires : fichier ressources • Séquence 4.

Ce que j'ai découvert

Lorsque je connais le nombre de feutres et le nombre de crayons de couleur que je réunis, je peux calculer le nombre total d'objets.

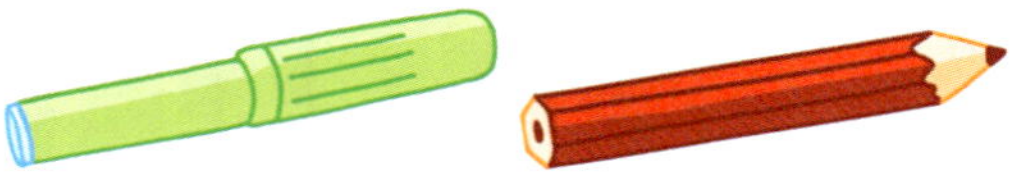

6 4

J'écris et je fais une addition. 6 ...... 4 | ......

Activités de découverte : fichier ressources • Séquence 4.

Exercice 3 (1, 2, 3) **Complète** les pointillés avec les nombres et le signe +.

3 2

...... + ... | ......

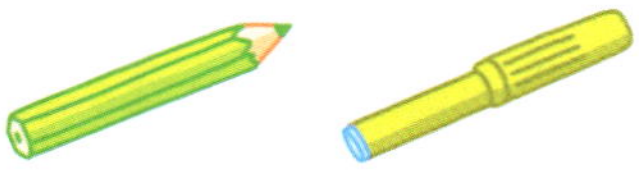

2 3

.... | ......

5 0

.... | ......

....

5 + 5 | ......

....

8 + 1 | ......

....

.... | 9

....

.... | 4

Objectifs : déterminer le nombre d'éléments d'une réunion de deux collections ou le nombre d'éléments des collections en connaissant la somme. Transcrire les opérations avec les notations mathématiques.

Je m'entraîne à mon rythme

Les boîtes de bonbons

Colorie les boîtes de bonbons selon le nombre total de bonbons qu'elles contiennent, en respectant le code couleur.

5 4	7 1	8 2
5 2	6 3	6 1
5 5	4 4	0 8

7 8 9 10

Je cherche

Les maisons des nombres

1, 2, 3 **Écris** dans chaque maison les additions qui conviennent.

5

0 + 5	5 + 0
1 + 4	..... + ...
..... + ...	..... + ...

8

..... + ...	..... + ...
..... + ...	..... + ...
..... + ...	..... + ...
..... + ...	..... + ...
..... + ...	

10

..... + ...	..... + ...
..... + ...	..... + ...
..... + ...	..... + ...
..... + ...	..... + ...
..... + ...	..... + ...
..... + ...	

Dénombrement jusqu'à 20

Ce que j'ai découvert

p. 157

Pour compter les bonnets de bain que je peux manipuler, je sépare ceux que j'ai comptés de ceux que je n'ai pas encore comptés.

En classe, j'ai compté ...... bonnets de bain.

Pour compter des bonnets de bain dessinés, je choisis un parcours de la collection. Je peux aussi les cocher au fur et à mesure.

Je compte ...... bonnets de bain.

Activités de découverte : fichier ressources • Séquence 8.

Exercice 1

Lila, Max, Tom et Éva ont rangé des livres.

1, 2, 3 **Écris** sous les bibliothèques le nombre de livres qui y sont rangés.

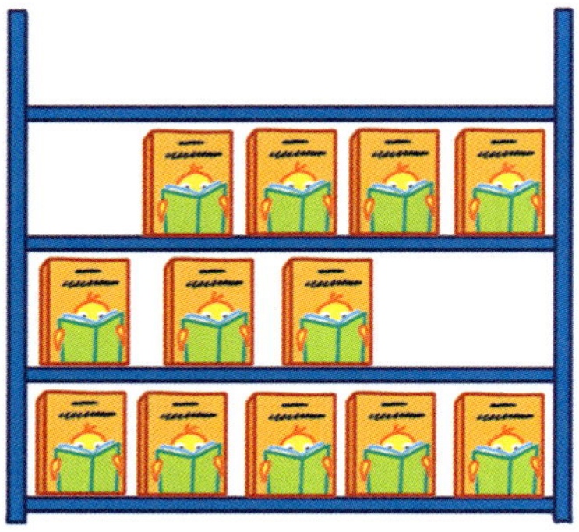

......

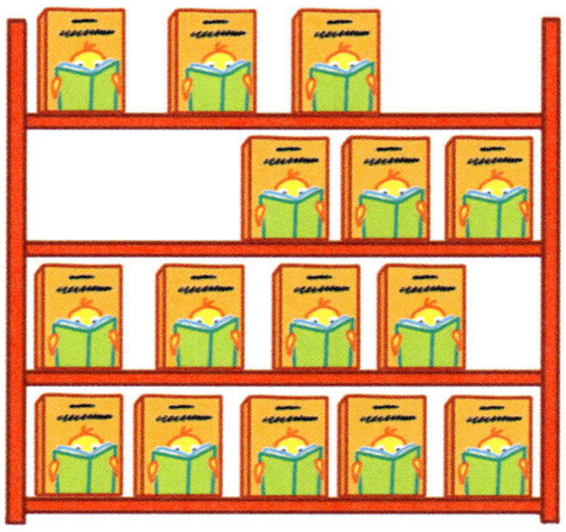

......

......

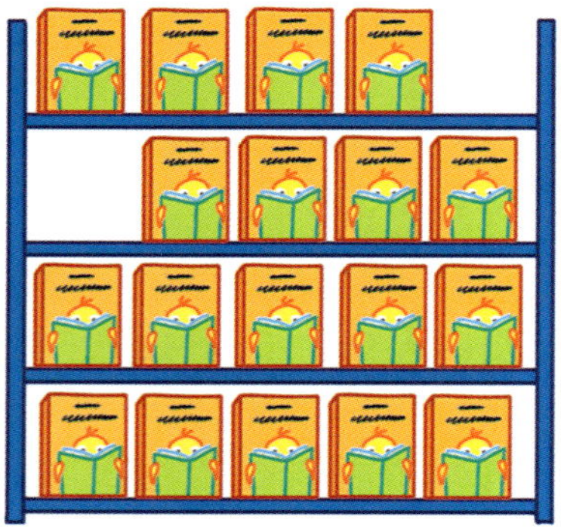

......

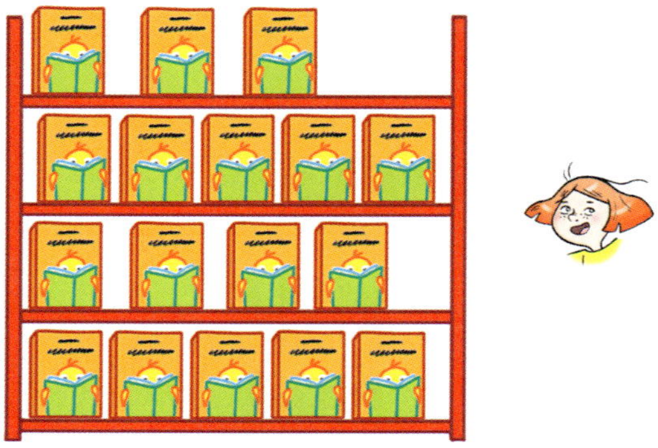

Objectif : dénombrer des collections ayant jusqu'à vingt éléments.

Calcul mental de la semaine : Dire la suite orale des nombres en avant, de 1 en 1, à partir de n'importe quel nombre **jusqu'à 40**. • Dire la suite orale des nombres en arrière, de 1 en 1, **à partir de 30**. • Écrire, en chiffres, le suivant ou le précédent de n'importe quel nombre jusqu'à 20.

Exercice 2

Éva, Lila, Max et Tom collectionnent chacun des objets.

1, 2, 3 **Écris** le nombre d'objets de chaque collection.

....

....

....

....

Objectif : dénombrer des collections ayant jusqu'à vingt éléments.

Dénombrement jusqu'à 20

Exercices supplémentaires :
fichier ressources • Séquence 8.

Exercice 3 À la fin de la séance d'EPS, Tom, Éva, Lila et Max ont rangé des balles dans les caisses.

Dessine le nombre de balles écrit sur le côté.

12

15

16

19

Objectif : dénombrer des collections ayant jusqu'à vingt éléments.

Je m'entraîne à mon rythme

Le mot codé

Écris les lettres qui correspondent aux nombres de points et trouve le mot caché.

12	13	14	15	16	17
B	T	L	U	E	A

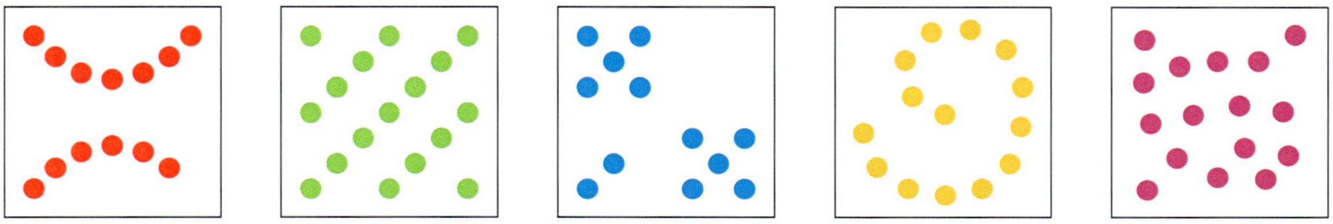

....

Je cherche

La glace d'Éva

Éva voudrait une glace avec 2 boules. Elle aime 4 parfums : fraise, chocolat, pistache et orange.

Colorie toutes les glaces qu'elle peut choisir, en prenant 2 boules de parfums différents. La place des boules n'a pas d'importance.

fraise chocolat pistache orange

11 Grandeurs et mesures
Comparaison de longueurs

Ce que j'ai découvert

Je peux comparer des longueurs en les plaçant à la même origine.

J'entoure l'enfant le plus grand.

Activités de découverte : fichier ressources • Séquence 11.

Exercice 1 Dans les deux cas, trouve toutes les bandes de même longueur que la bande **A** de ton matériel.

p. 153

Écris ta réponse sur les pointillés.

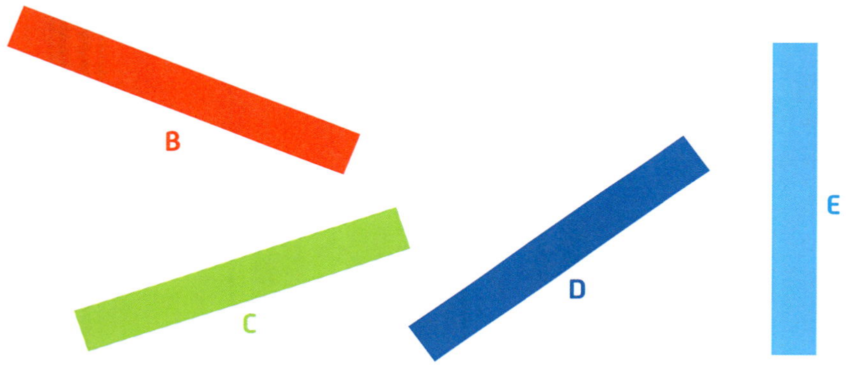

....

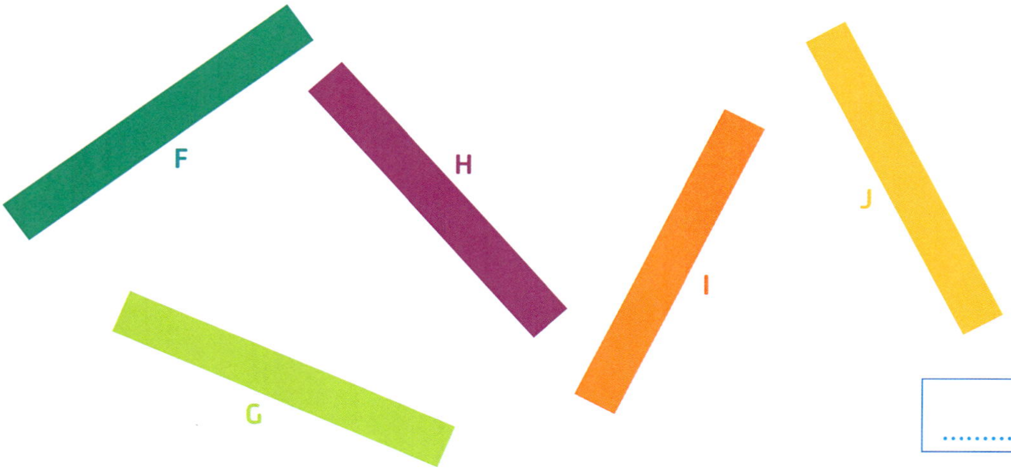

....

Objectif : reconnaître un objet de même longueur qu'un objet donné en les mettant à la même origine.

Calcul mental de la semaine : Dire la suite orale des nombres en avant, de 1 en 1, à partir de n'importe quel nombre **jusqu'à 50**. • Dire la suite orale des nombres en avant, **de 2 en 2**, à partir de 0 jusqu'à 20. • Ajouter 5 à un nombre inférieur ou égal à 5 ou décomposer un nombre inférieur ou égal à 10 à l'aide du nombre 5.

Ce que j'ai découvert

p. 153

Je peux comparer des longueurs en les reportant toutes sur la grande bande.

J'indique la taille de Tom par un trait et par l'initiale de son prénom sur la bande.
Tom est plus grand qu'Éva.

Activités de découverte : fichier ressources • Séquence 11.

Exercice 2 Dans les deux cas, en t'aidant de la grande bande, trouve toutes les bandes de même longueur que la bande rouge.

p. 153

Écris ta réponse sur les pointillés.

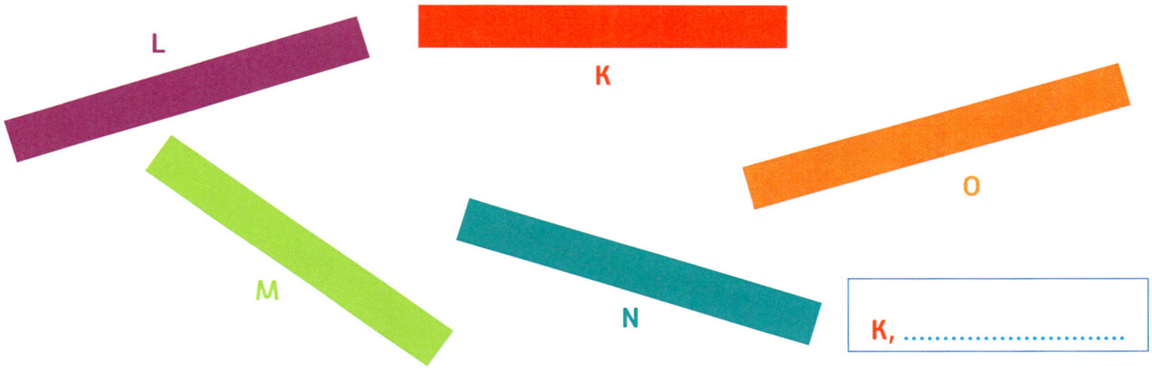

K, ...

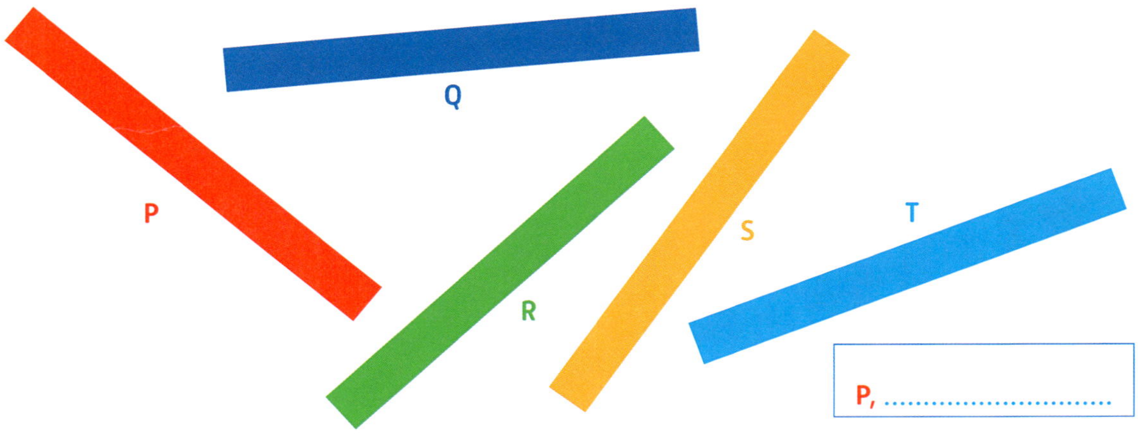

P, ...

Objectif : reconnaître un objet de même longueur qu'un objet donné en utilisant une bande intermédiaire.

Comparaison de longueurs

Exercice 3

Les copains de Lila, Tom, Max et Éva se sont placés sur les marches d'un escalier.
Qui est le plus grand ? Aide-toi de ta grande bande pour trouver.

p. 153

Écris l'initiale du prénom sur les pointillés.

Le plus grand est ....

Objectif : comparer des longueurs en utilisant une bande intermédiaire.

Je m'entraîne à mon rythme

p. 153

Le pas le plus long

Lila, Tom, Éva et Max ont essayé de faire le plus grand pas. Qui a gagné ?

Écris le prénom sur les pointillés.

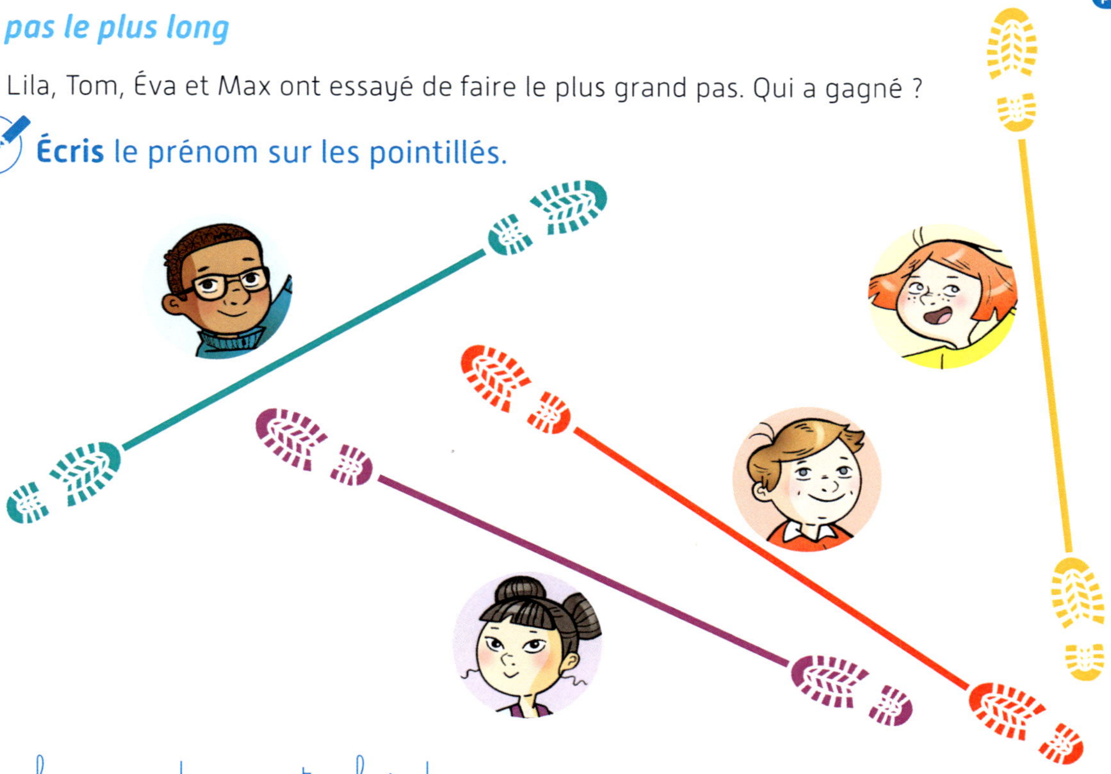

Le plus grand pas est celui de …………………………… .

Je cherche

Le dessin mystère

Relie les points avec une règle dans l'ordre de leur numérotation.

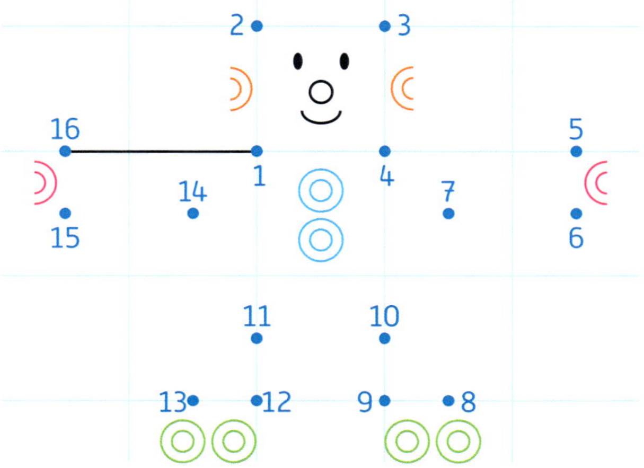

Les écritures chiffrées (1)

Ce que j'ai découvert

Pour écrire le nombre de cubes, j'écris d'abord le nombre de dizaines avec un chiffre puis le nombre de cubes seuls avec un deuxième chiffre.

...... dizaines ...... unités seules

......

...... dizaines ...... unité seule

......

Activités de découverte : fichier ressources • Séquence 14.

Exercice 1 (1, 2, 3) **Écris** à chaque fois le nombre de cubes gagnés par l'enfant au jeu de cartes.

......

......

......

Objectif : indiquer la quantité par une écriture chiffrée.

Calcul mental de la semaine : Dire la suite orale des nombres en avant, de 2 en 2, **à partir de 0 ou 1 jusqu'à 19 ou 20**. • Dire la suite orale des nombres en arrière, de 1 en 1, **à partir de 40**. • S'appuyer sur les doubles des nombres inférieurs ou égaux à 5 pour trouver la somme de deux nombres (3 + 4 ; 4 + 5 ; 5 + 6 ; 4 + 3 ; 5 + 4 ; 6 + 5).

Exercice **2** (1, 2, 3) **Écris** à chaque fois le nombre de cahiers.

p. 149

6 paquets
de dix cahiers

Il y a .... cahiers.

9 cahiers

7 paquets
de dix cahiers

Il y a .... cahiers.

8 paquets
de dix cahiers

3 cahiers

Il y a .... cahiers.

6 cahiers

Il y a .... cahiers.

Exercice **3** Éva, Tom, Max et Lila ont gagné le nombre de cubes écrit à côté des cartes.
Quelles cartes ont-ils obtenues ? **Entoure**-les.

 50 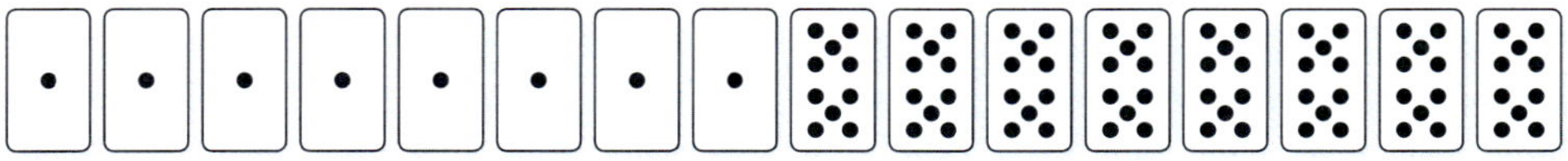

 57 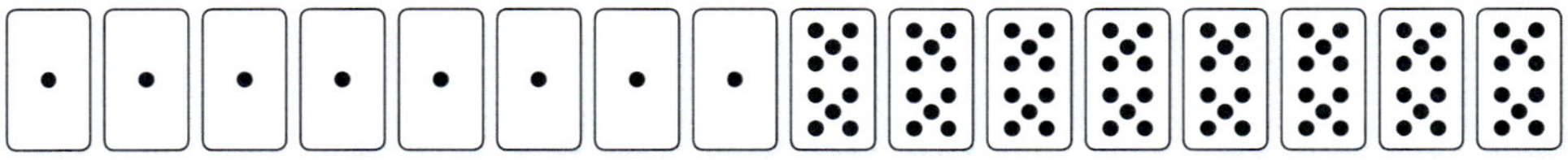

 75 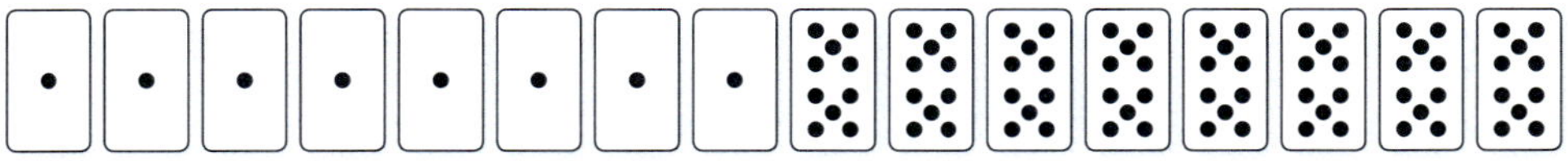

 5 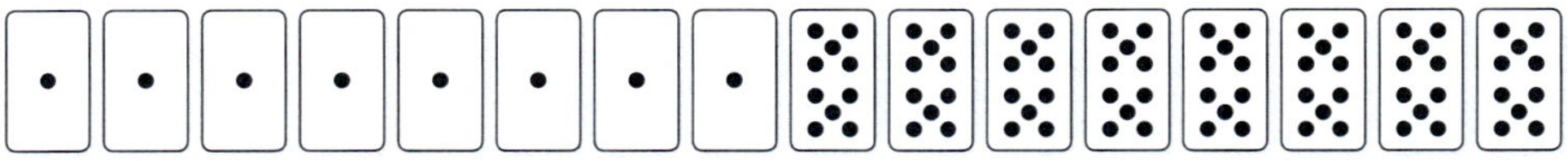

Objectif : indiquer la quantité par une écriture chiffrée.

Les écritures chiffrées (1)

Exercices supplémentaires : fichier ressources • Séquence 14.

Exercice 4

Éva, Tom, Max et Lila doivent prendre le nombre de cubes écrit dans le cadre.
Entoure le personnage quand il a la bonne réponse, sinon **barre**-le.

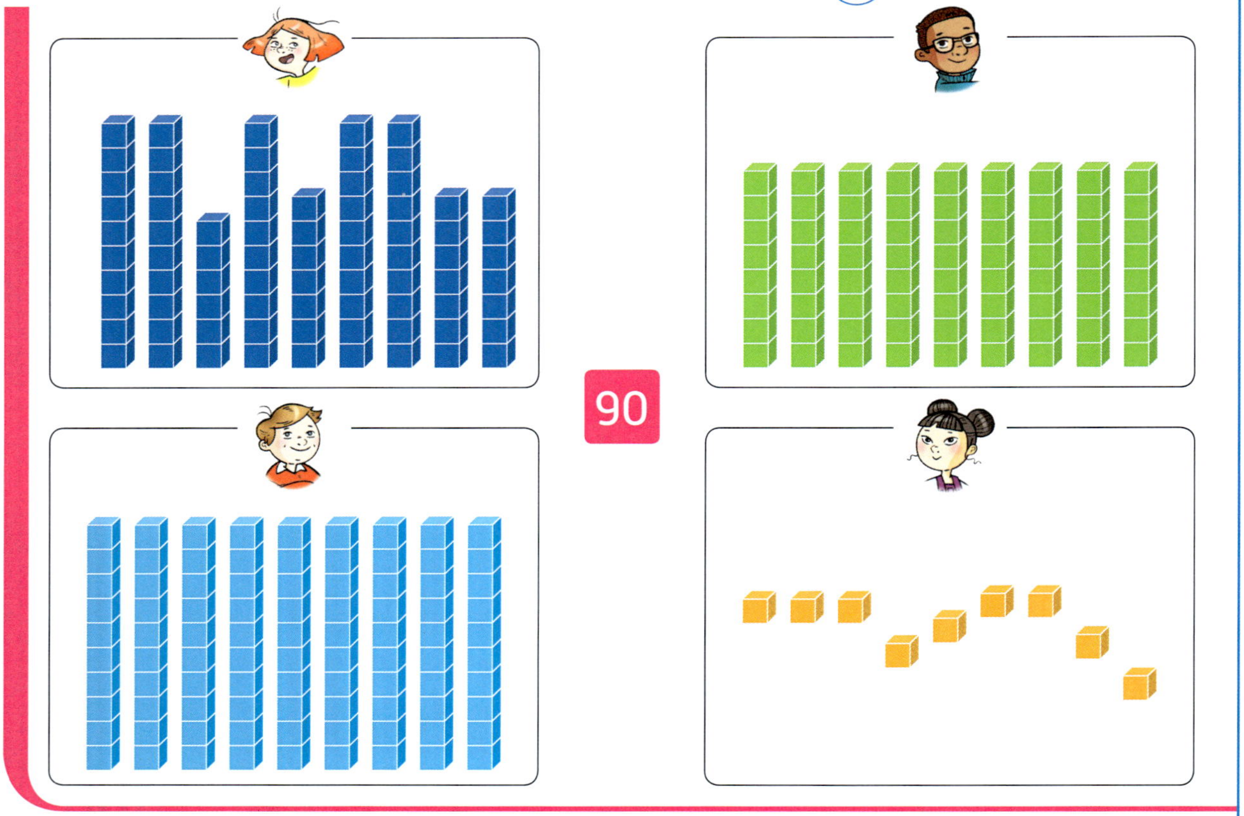

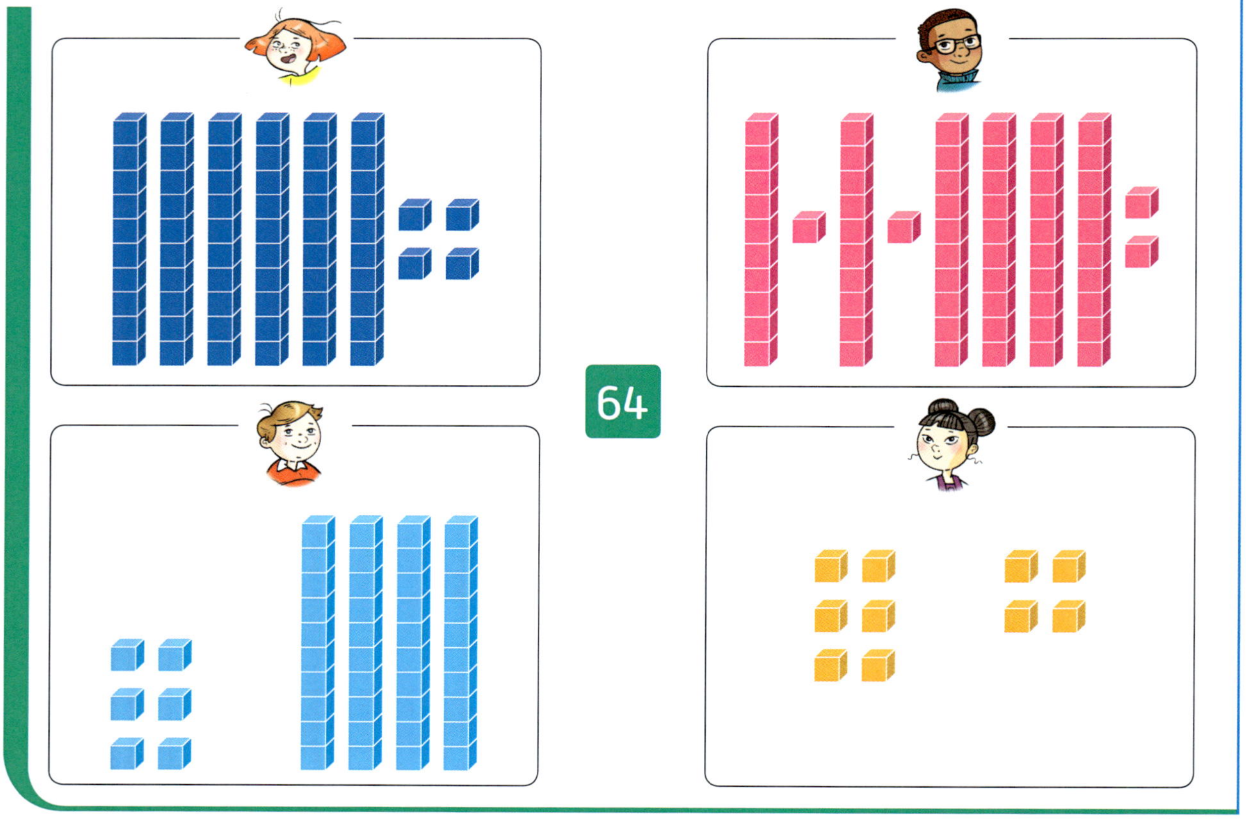

Objectif : indiquer la quantité par une écriture chiffrée.

Je m'entraîne à mon rythme

Les nombres écrits en chiffres et les collections

Relie chaque collection de cubes au nombre de cubes écrit en chiffres.

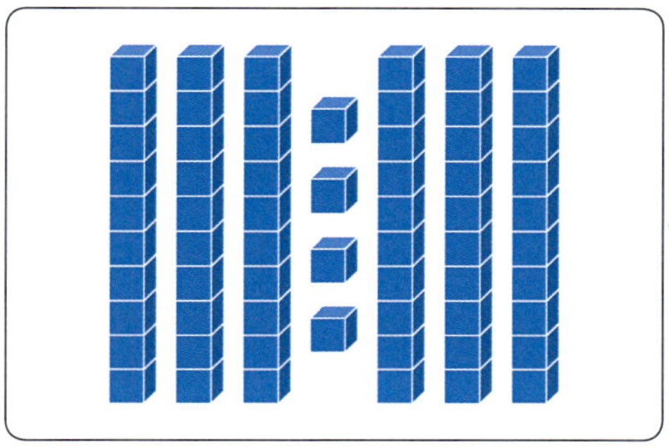

46

80

78

8

64

17

53

87

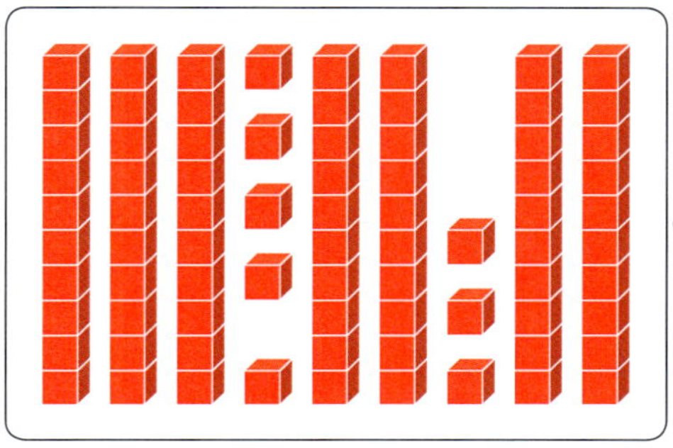

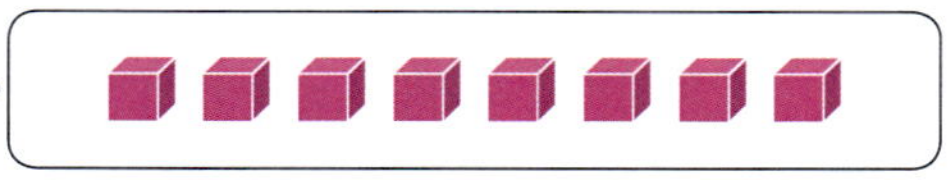

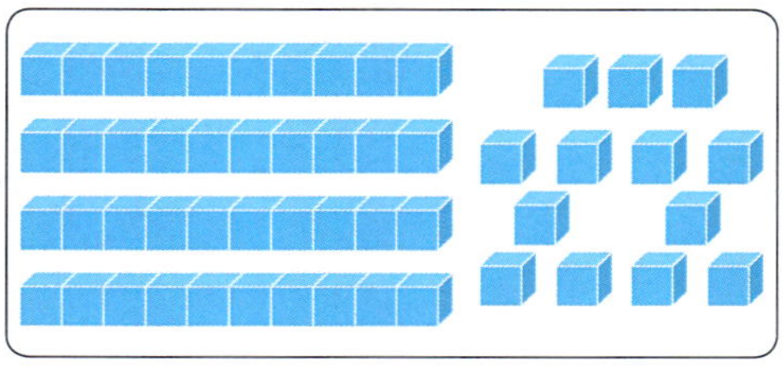

Je cherche

Pousse l'amaryllis

Pour observer la croissance d'une plante, la classe de Tom, Éva, Max et Lila a planté une amaryllis qui doit leur donner de belles fleurs rouges. Les élèves ont pris 5 photos au fur et à mesure que la plante poussait.

1, 2, 3 **Ordonne** les tiges de la plus petite à la plus grande en mettant les numéros 1, 2, 3, 4 et 5 sous les photos. Tu peux t'aider d'une bande de papier.

....

19 Figures planes

Ce que j'ai découvert

Une figure a toujours le même nombre de côtés que de sommets.

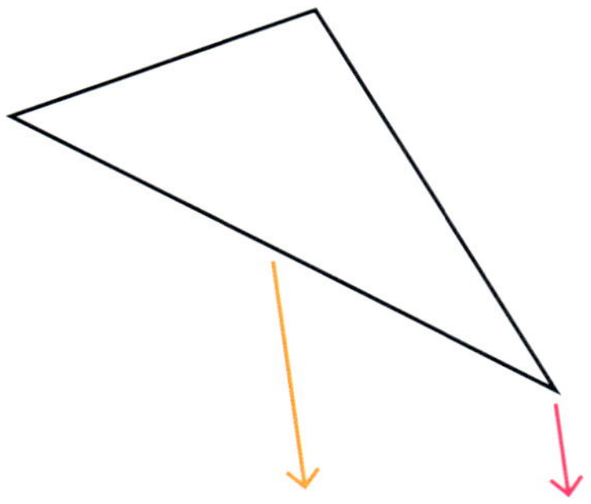

Cette figure a ...... côtés et ...... sommets.
C'est un triangle.

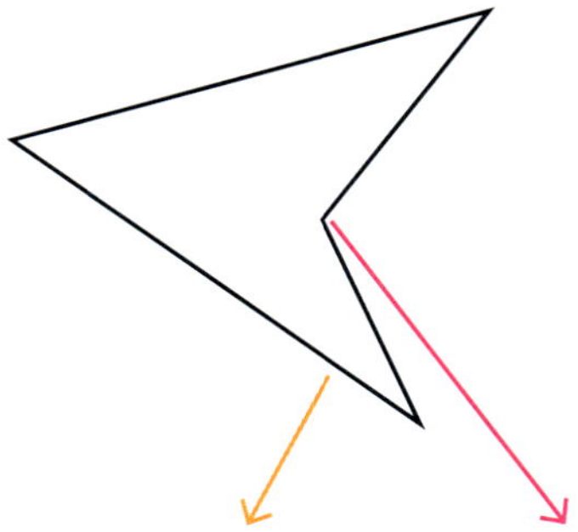

Cette figure a ...... côtés et ...... sommets.

Activités de découverte : fichier ressources • Séquence 19.

Exercice 1 **Repasse** à la règle : en rouge tous les triangles ; en vert toutes les figures à 4 côtés ; en bleu toutes les figures qui ont plus de 4 côtés.

Figure 1

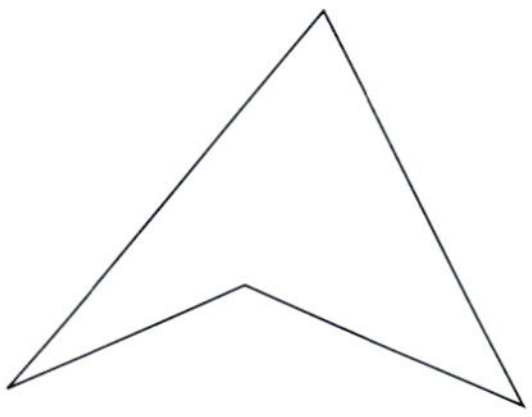

Figure 2

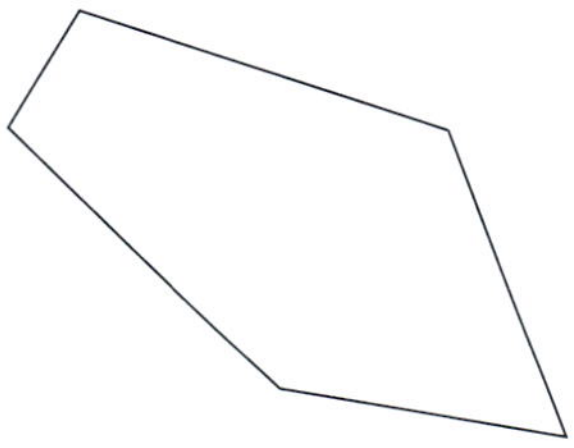

Figure 3

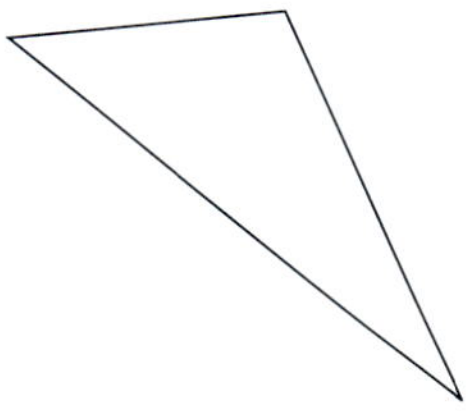

Figure 4

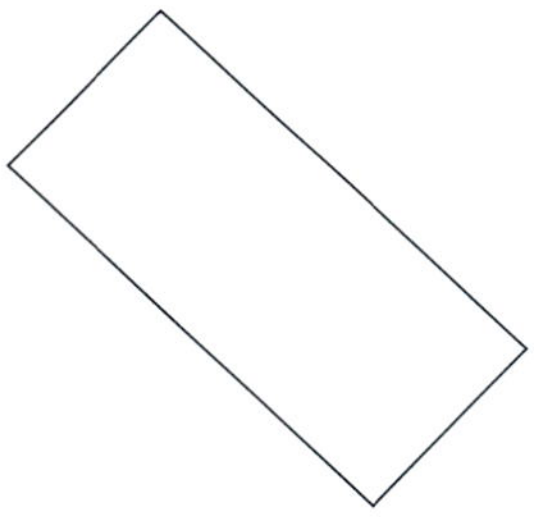

Figure 5

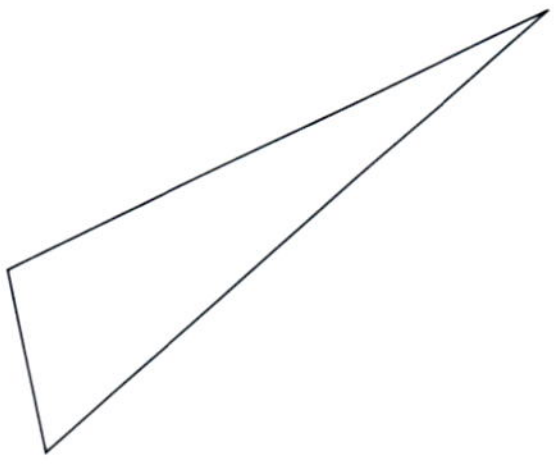

Figure 6

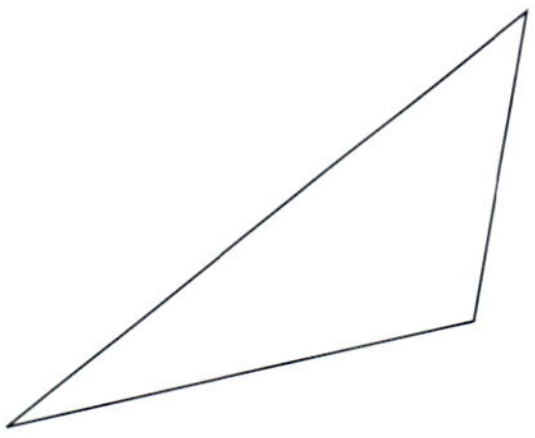

Figure 7

Figure 8

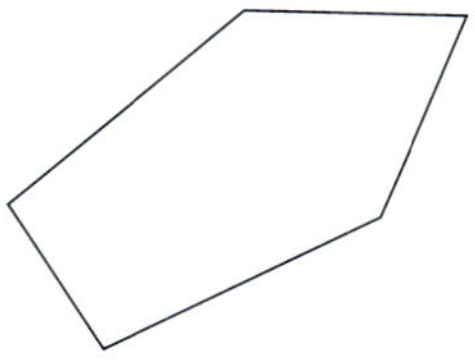

Figure 9

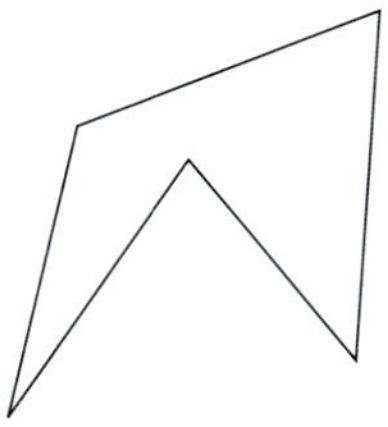

Objectif : reconnaître et tracer des polygones en fonction du nombre de côtés.

Calcul mental de la semaine : Dire la suite orale des nombres en avant, de 2 en 2, à partir de 0 **jusqu'à 30**. • Dire la suite orale des nombres en arrière, de 2 en 2, **à partir de 19 ou 20**. • Additionner deux nombres dont la somme est inférieure ou égale à 10.

Ce que j'ai découvert

p. 155

Un carré reste un carré même s'il est tourné.

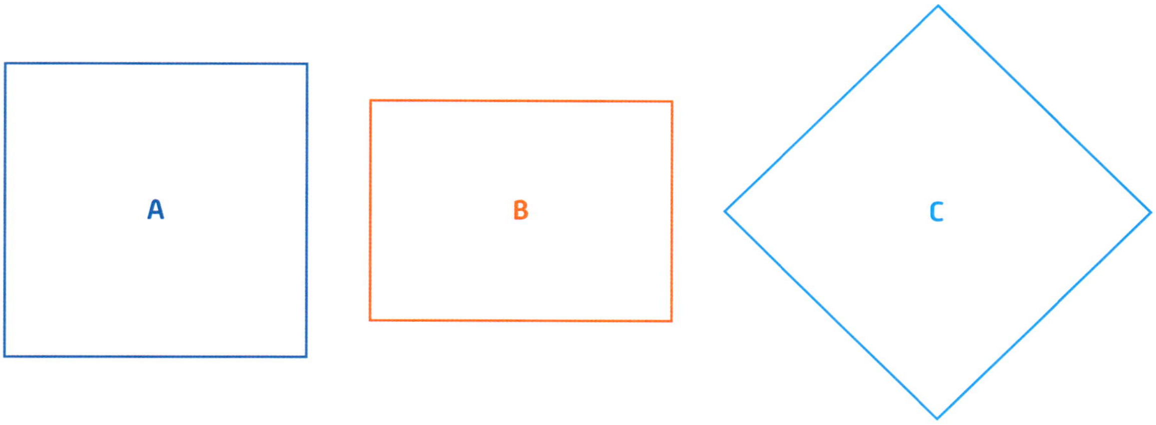

Les figures .... et .... sont des carrés.

Activités de découverte : fichier ressources • Séquence 19.

Exercice 2 Avec ton grand carré, **complète** les tracés pour construire des carrés identiques au carré **A**.

p. 155

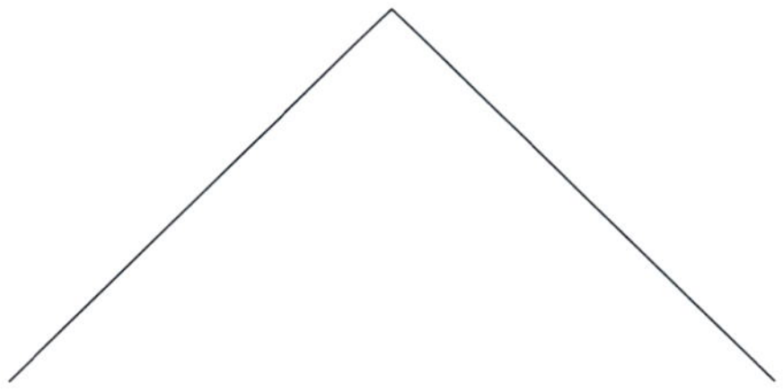

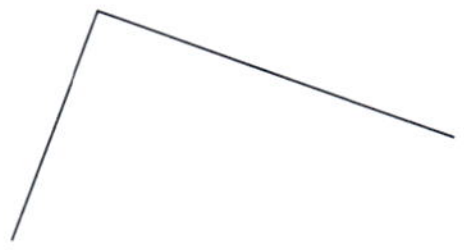

Objectif : reconnaître et compléter un carré à l'aide d'un gabarit.

Exercices supplémentaires : fichier ressources • Séquence 19.

Ce que j'ai découvert

Un carré a 4 côtés de même longueur.

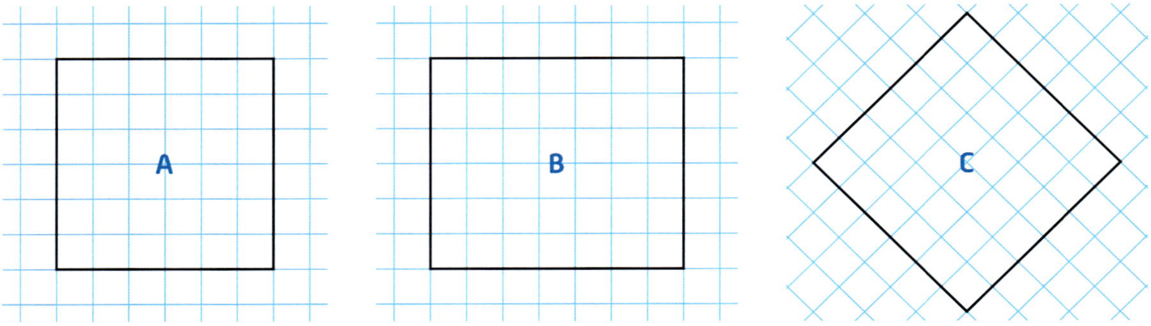

Les figures .... et .... sont des carrés.

Activités de découverte : fichier ressources • Séquence 19.

Exercice 3 Lila, Tom et Max ont tracé des carrés, mais ils ont fait des erreurs.

Entoure le personnage s'il a tracé un carré ; **barre**-le s'il s'est trompé.

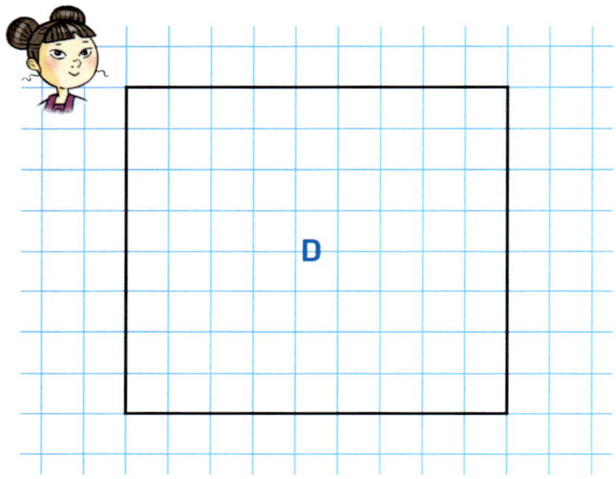

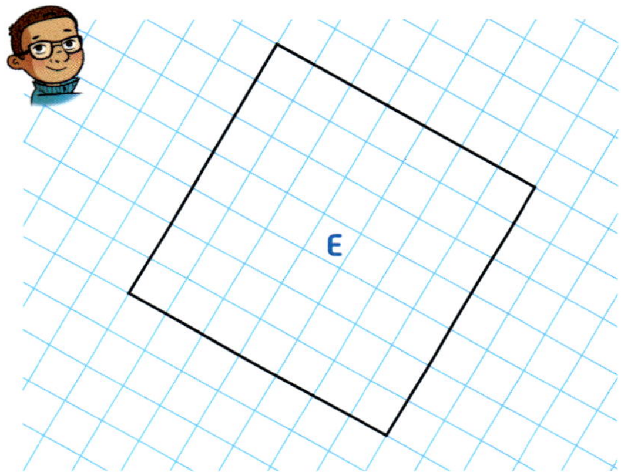

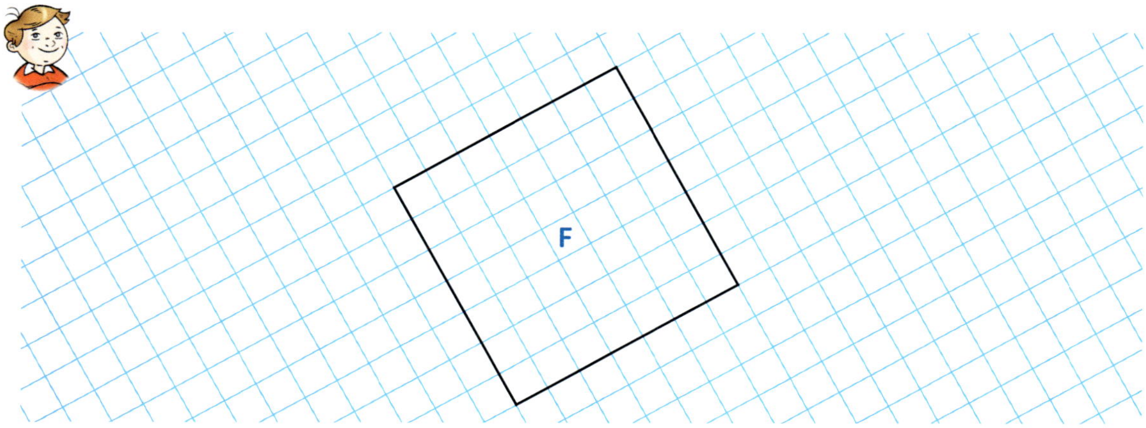

Objectif : reconnaître et compléter un carré sur papier quadrillé.

Je m'entraîne à mon rythme

Les carrés à continuer

Avec la règle, **complète** les tracés pour construire un carré.

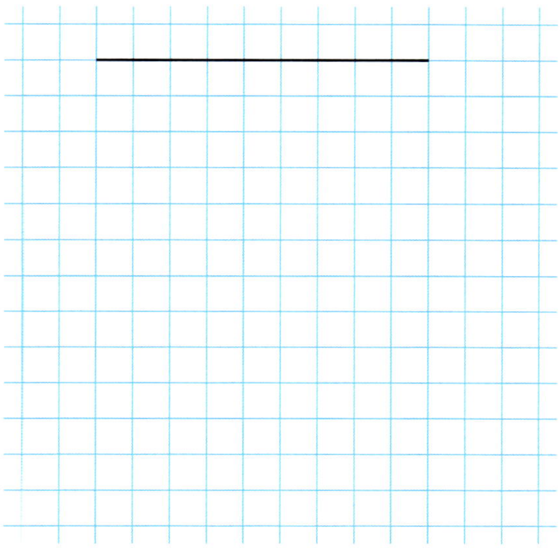

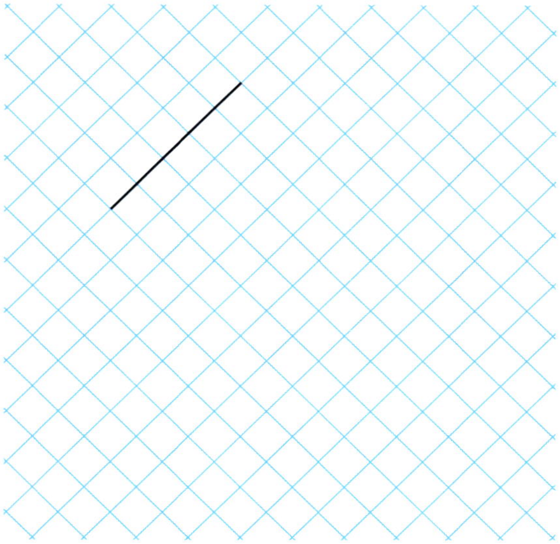

Je cherche

L'intrus

Les cases vont deux par deux. Colorie la case qui reste seule.

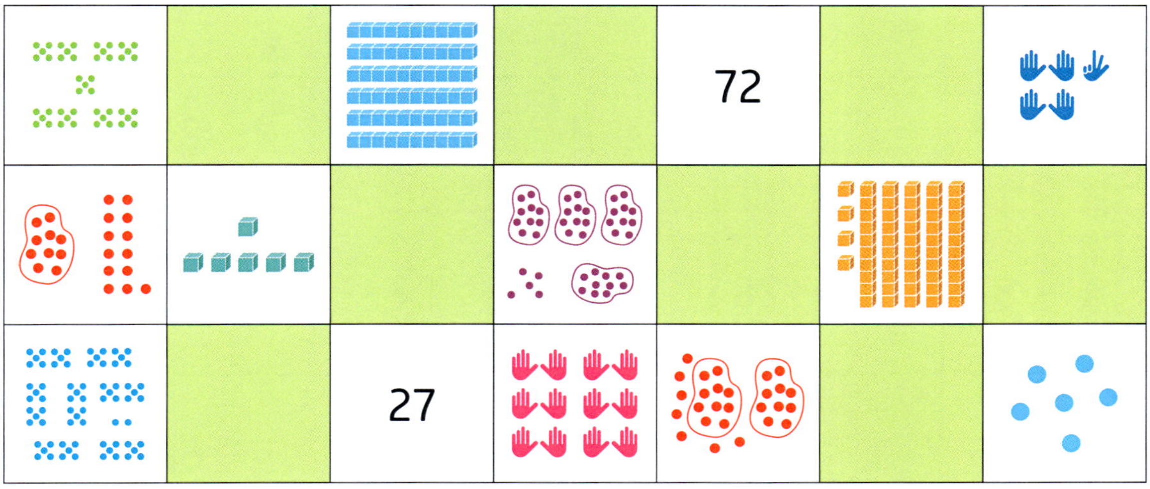

Comparaison des nombres

Ce que j'ai découvert

Pour comparer les nombres, il suffit de les écrire avec les chiffres, puis de comparer le nombre de dizaines et d'unités qu'ils indiquent.

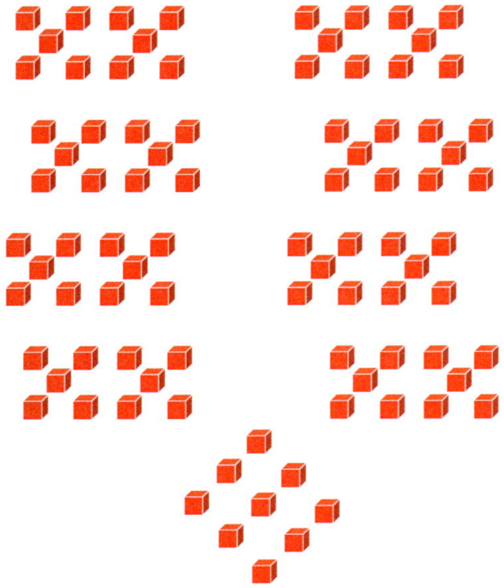

...... dizaines de cubes et

...... cubes restants

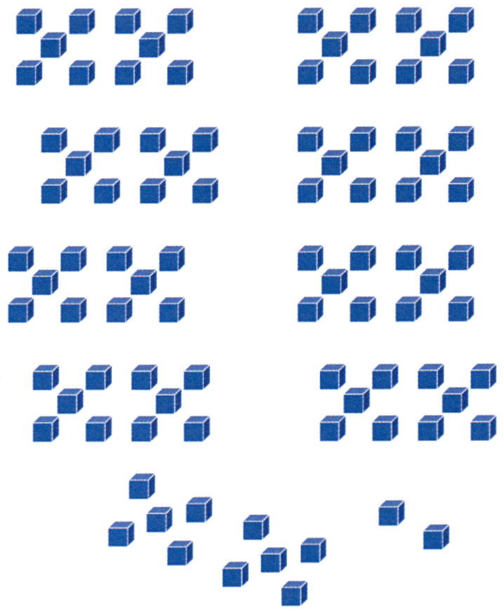

...... dizaines de cubes et

...... cubes restants

J'utilise le signe qui convient : < ou > ....

Activités de découverte : fichier ressources • Séquence 23.

Exercice 1 **Entoure** à chaque fois le nombre le plus grand, puis **écris** le signe qui convient : < ou >.

37 29	81 84
82 28	57 60
85 95	71 68

Objectif : comparer des grandes quantités en utilisant les écritures chiffrées.

Calcul mental de la semaine : Dire la suite orale des nombres en avant, de 1 en 1, à partir de n'importe quel nombre jusqu'à 80. • Lire et écrire les nombres jusqu'à 59. • Trouver la somme de deux nombres dont l'un est inférieur ou égal à 5 en s'appuyant sur 10.

Exercice **2** Les enfants ont préparé des assiettes pour faire un pique-nique avec l'école.

1, 2, 3 **Écris** le nombre d'assiettes préparées par chacun. **Entoure** le plus grand nombre. **Recopie** les nombres avec le signe d'inégalité qui convient.

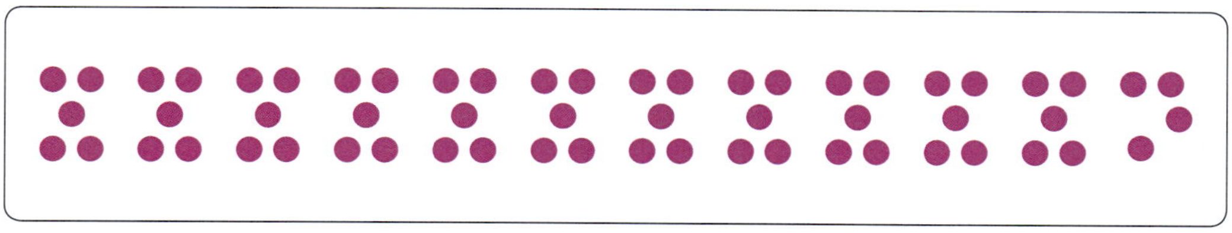

......

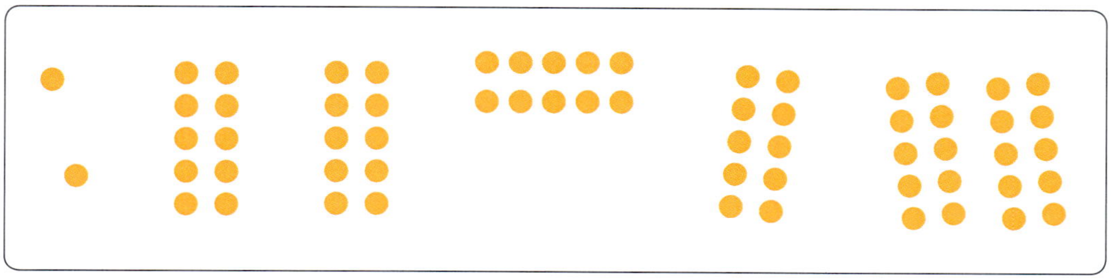

......

Lila .... **Éva**

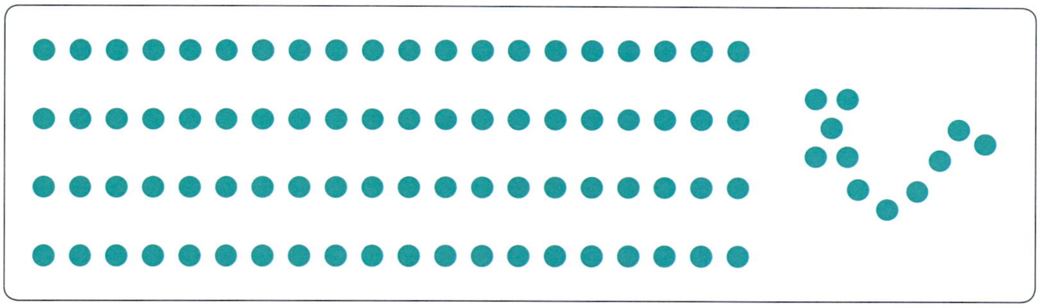

......

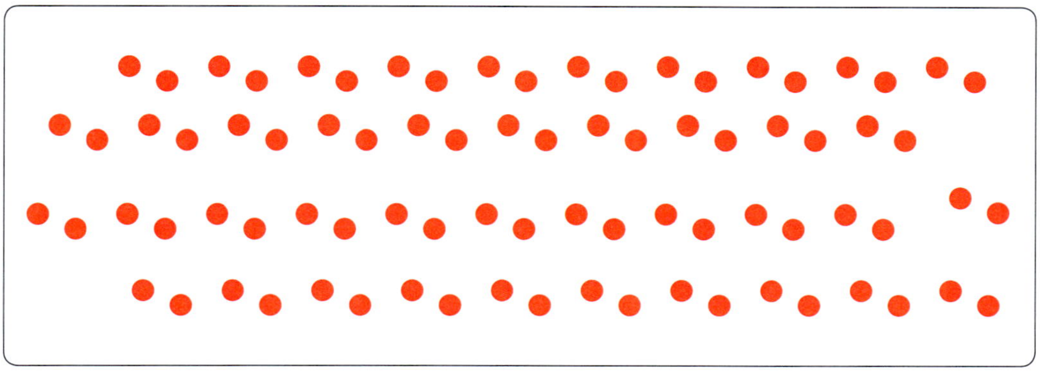

......

Tom .... **Max**

Objectif : comparer des grandes quantités en utilisant les écritures chiffrées.

Comparaison des nombres

Exercices supplémentaires : fichier ressources • Séquence 23.

Exercice 3 (1, 2, 3) **Entoure** en rouge le plus grand des 3 nombres, puis le plus petit en vert. **Recopie**-les du plus petit au plus grand avec le signe d'inégalité qui convient.

5	9	2	....
15	8	27	....
80	60	9	....

Exercice 4 (1, 2, 3) **Écris** le nombre de bonbons d'Éva, Lila et Max. **Entoure** en rouge celui qui en a le plus et en vert celui qui en a le moins.

Éva ......

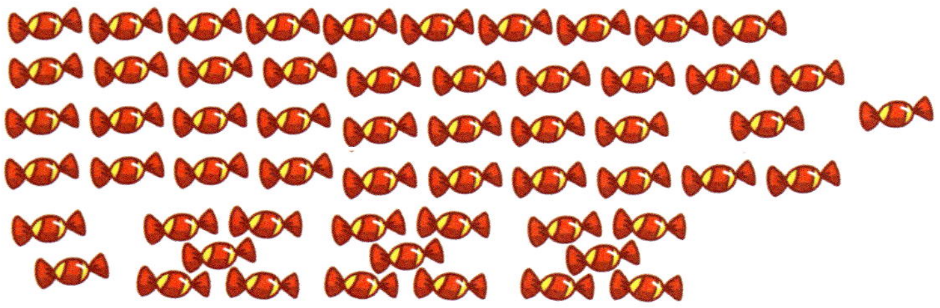

Lila ......

Max ......

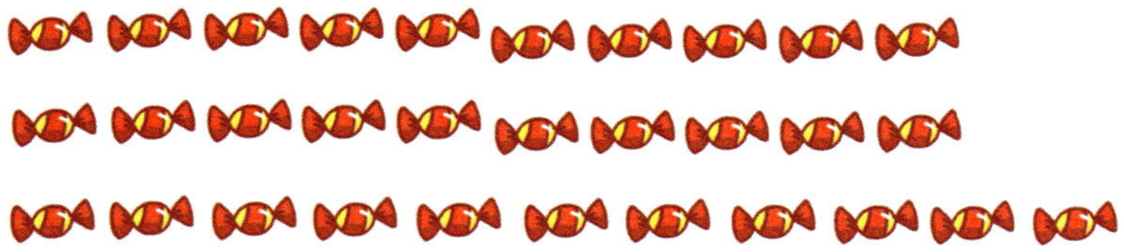

(1, 2, 3) **Recopie** ensuite les nombres du plus petit au plus grand avec le signe d'inégalité qui convient.

....

Objectif : comparer des grandes quantités en utilisant les écritures chiffrées.

Je m'entraîne à mon rythme

Les deux collections de jouets

Entoure en rouge celui qui a le plus d'objets. 1, 2, 3 **Complète** ensuite avec les nombres et le signe d'inégalité qui convient : < ou >.

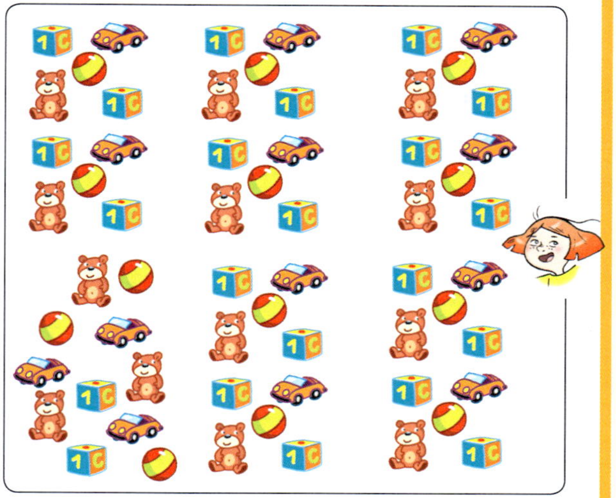

....

Je cherche

Comment payer 16 € ?

Avec les pièces et billets ci-dessous, trouve toutes les possibilités pour faire 16 €.

1, 2, 3 **Écris** la réponse sous forme d'additions. *Exemple : 2 + 2 + ...*
Attention, il y a peut-être plus d'encadrés que de réponses possibles.

....	....	....
....	....	....
....	....	....

Addition et soustraction avec les écritures chiffrées

Ce que j'ai découvert

Pour faire une addition, je peux utiliser ce que disent les chiffres.

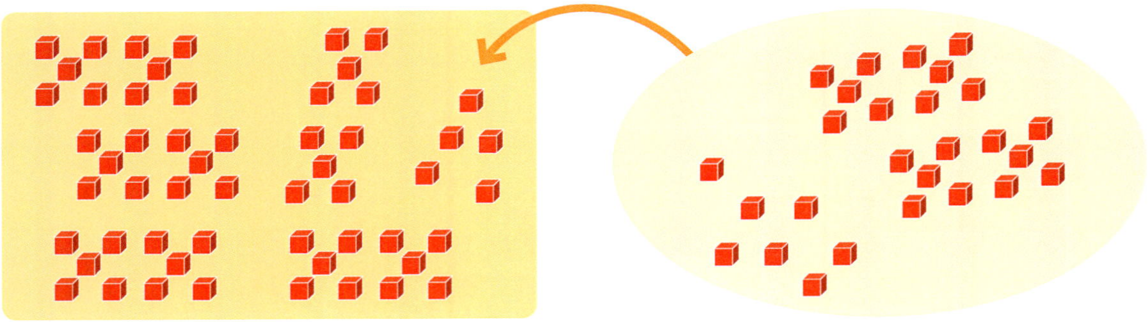

J'écris l'addition et je trouve le résultat. .... = ...

Activités de découverte : fichier ressources • Séquence 26.

Exercice 1 Max et Tom ont des cubes, ils en gagnent d'autres. Combien de cubes ont-ils maintenant ?

1, 2, 3 **Écris** l'addition et **trouve** le résultat.

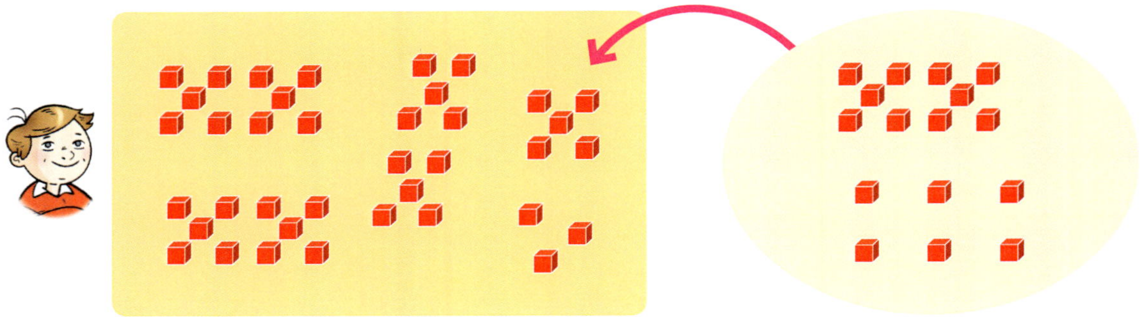

.... = ...

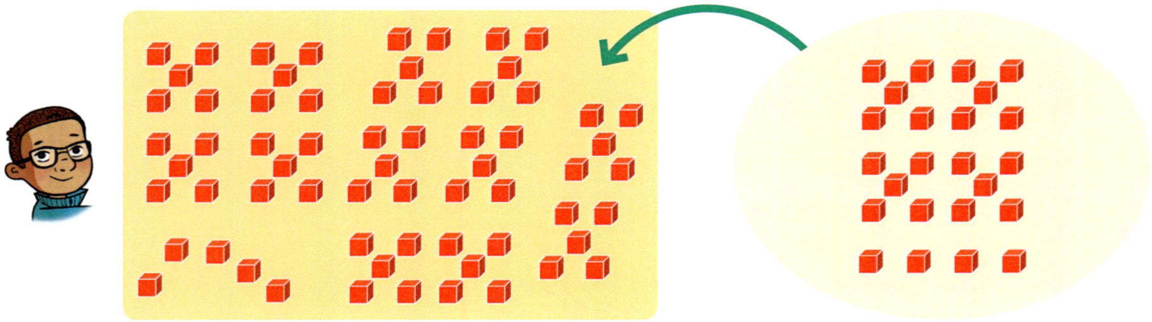

.... = ...

Objectif : utiliser des procédures personnelles de calculs à l'aide du matériel de numération (les cubes emboîtables).

Calcul mental de la semaine : Dire la suite orale des nombres en avant, de 1 en 1, à partir de n'importe quel nombre jusqu'à 100. • Dire la suite orale des nombres en arrière, de 1 en 1, à partir de 60. • Connaître les doubles pour les nombres inférieurs ou égaux à 10.

Ce que j'ai découvert

Pour faire une soustraction, je peux utiliser ce que disent les chiffres.

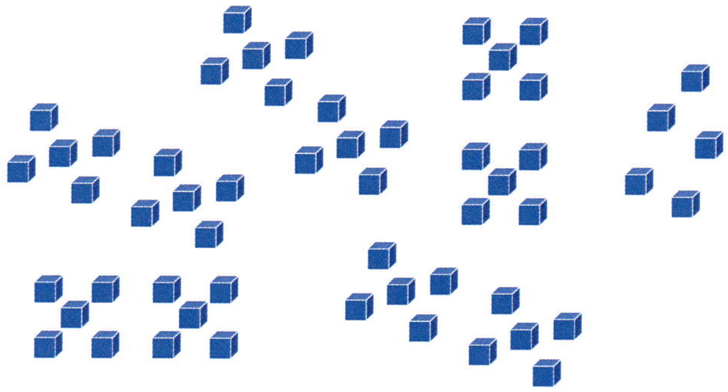

Je trouve le résultat de la soustraction. 55 - 27 = ...

Activités de découverte : fichier ressources • Séquence 26.

Exercice 2

Lila et Éva ont des cubes, elles en perdent quelques-uns.
Combien de cubes ont-elles maintenant ?

1, 2, 3 **Trouve** le résultat de l'opération.

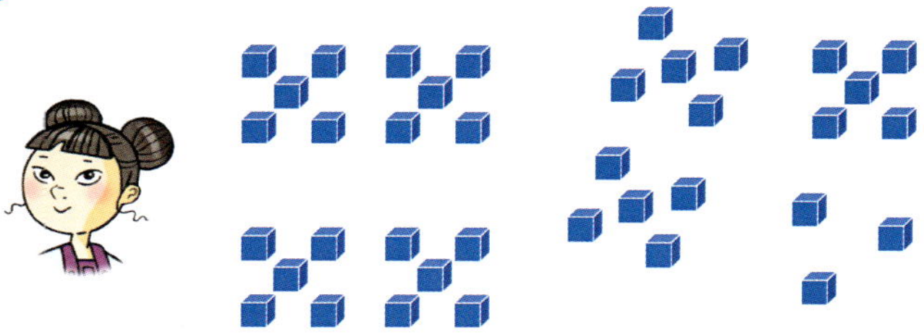

38 - 17 = ...

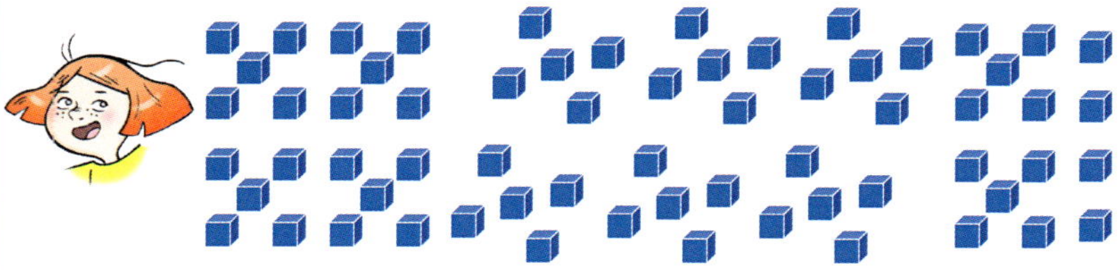

64 - 25 = ...

Exercice 3

1, 2, 3 **Effectue** les calculs en utilisant le matériel de numération.

43 - 12 = ...	29 + 38 = ...	54 - 35 = ...
44 + 17 = ...	54 - 34 = ...	17 + 44 = ...

Objectif : utiliser des procédures personnelles de calculs à l'aide du matériel de numération (les cubes emboîtables).

Addition et soustraction avec les écritures chiffrées

Exercices supplémentaires :
fichier ressources • Séquence 26.

Exercice **4** (1, 2, 3) **Complète** les pointillés avec les nombres et les signes +, –, =.
Écris le résultat et **donne** la réponse.

Je calcule : ....

Maintenant, il y a .... voitures.

Je calcule : ....

Maintenant, il y a .... voitures.

Je calcule : ....

Maintenant, il y a .... passagers.

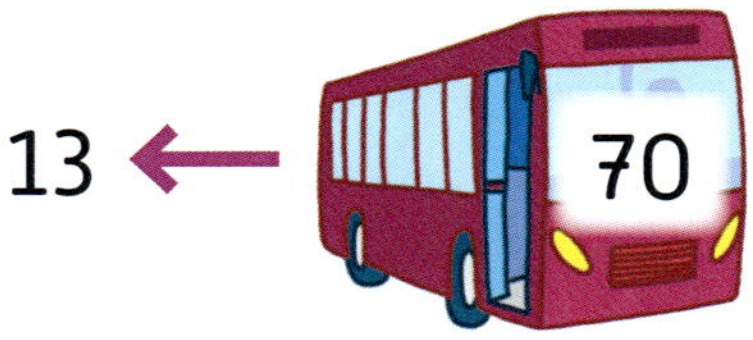

Je calcule : ....

Maintenant, il y a .... passagers.

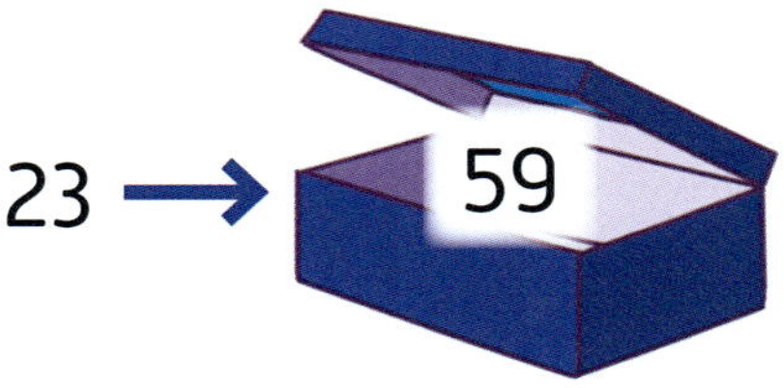

Je calcule : ....

Maintenant, il y a .... balles dans la boîte.

Objectif : utiliser des procédures personnelles de calculs à l'aide du matériel de numération (les cubes emboîtables).

Je m'entraîne à mon rythme

La réserve de l'écureuil

(1, 2, 3) Tom a joué au jeu des écureuils. Voici dans l'ordre les cartes qu'il a tirées.
Remplis sa feuille de score.

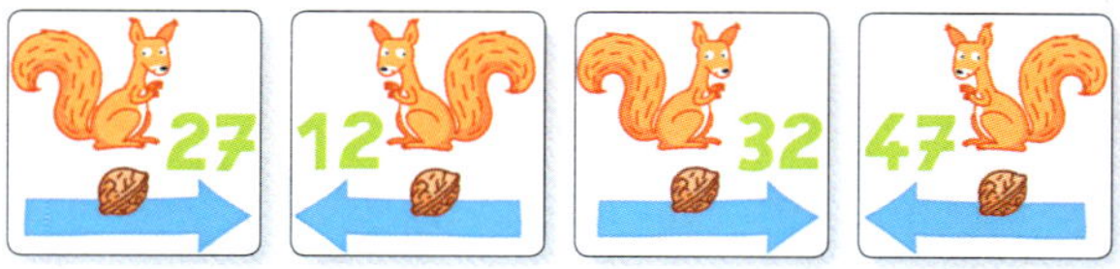

Réserve de l'écureuil	Calcul
25	....
......	....
......	....
......	....
......	

Je cherche

La balançoire du parc

Dans le parc près de l'école, une balançoire fonctionne comme une balance.
L'enfant qui est en bas est le plus lourd des deux.

Sais-tu qui est l'enfant le plus léger et qui est l'enfant le plus lourd ?

L'enfant le plus léger est .... *L'enfant le plus lourd est* ....

Écris le nom des enfants du plus léger au plus lourd.

....

Addition posée en colonnes

Ce que j'ai découvert

Je peux additionner les nombres en colonnes. J'utilise ce que disent les chiffres en m'imaginant les manipulations.

$$\begin{array}{r} 3\ 4 \\ +\ 2\ 8 \\ \hline \end{array}$$

4 + 8 = ...

......d + ...u

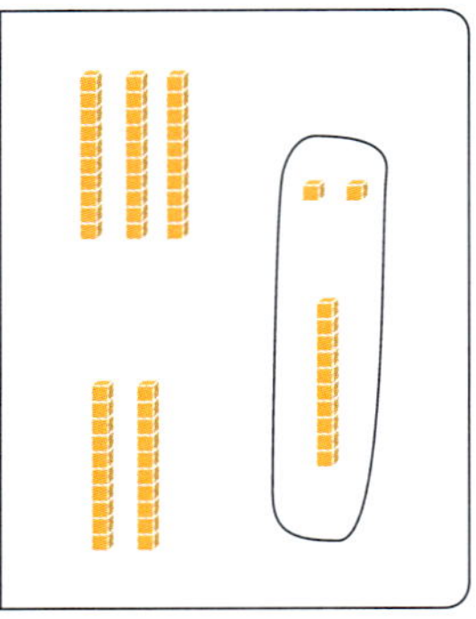

$$\begin{array}{r} \boxed{......} \\ 3\ 4 \\ +\ 2\ 8 \\ \hline \boxed{......} \end{array}$$

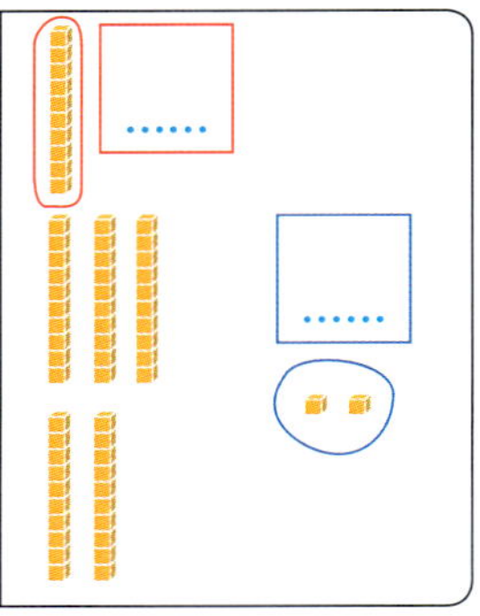

$$\begin{array}{r} 1 \\ 3\ 4 \\ +\ 2\ 8 \\ \hline \boxed{......}\ 2 \end{array}$$

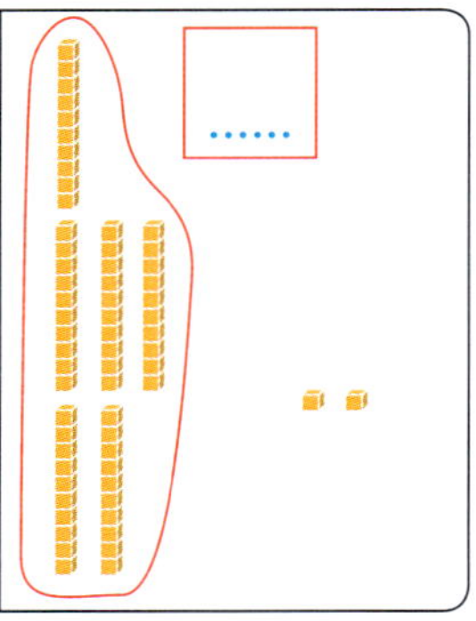

Je trouve le résultat de l'opération :

.... + ... = ...

$$\begin{array}{r} 3\ 6 \\ +\ 2\ 3 \\ \hline \end{array}$$

$$\begin{array}{r} 3\ 6 \\ +\ 2\ 3 \\ \hline \boxed{......} \end{array}$$

$$\begin{array}{r} 3\ 6 \\ +\ 2\ 3 \\ \hline \boxed{......}\ 9 \end{array}$$

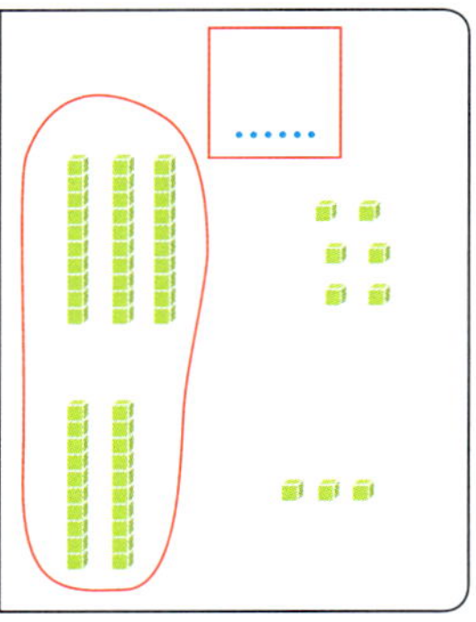

Je trouve le résultat de l'opération :

.... + ... = ...

Activités de découverte : fichier ressources • Séquence 31.

Calcul mental de la semaine : Dire la suite orale des nombres en avant, de 5 en 5, à partir de 0 jusqu'à 95. • Lire et écrire des nombres jusqu'à 79. • Connaître ou reconstruire très rapidement les résultats des tables d'addition de 6 à 8.

Exercice 1 (1, 2, 3) **Effectue** l'opération en colonnes, puis **complète** les pointillés.
Tu ne prends le matériel que pour vérifier si tu as juste ou non.

```
  5 5
+ 2 7
-----
```

.... + ... = ...

```
  3 6
+ 4 2
-----
```

.... + ... = ...

```
  4 3
+ 3 7
-----
```

.... + ... = ...

```
  3 8
+ 3 8
-----
```

.... + ... = ...

Exercice 2 (1, 2, 3) **Pose** l'opération en colonnes pour trouver le résultat, puis **complète** les pointillés. Tu ne prends le matériel que pour vérifier si tu as juste ou non.

47 + 52 = ...

57 + 26 = ...

Objectif : calculer des sommes en posant les additions en colonnes.

Addition posée en colonnes

Exercices supplémentaires : fichier ressources • Séquence 31.

Exercice 3 (1, 2, 3) **Pose** l'opération en colonnes pour trouver le résultat, puis **complète** les pointillés. Tu ne prends le matériel que pour vérifier si tu as juste ou non.

68 + 6 = ...

37 + 43 = ...

Exercice 4 (1, 2, 3) **Effectue** l'opération en colonnes pour trouver le résultat, puis **complète** les pointillés. Tu ne prends le matériel que pour vérifier si tu as juste ou non.

52 + 23 + 15 = ...

	5	2
+	2	3
+	1	5

21 + 15 + 43 = ...

Objectif : calculer des sommes en posant les additions en colonnes.

Je m'entraîne à mon rythme

La réserve de l'écureuil

1, 2, 3 Lila a joué au jeu des écureuils. Voici, dans l'ordre, les cartes qu'elle a tirées.
Remplis sa feuille de score.

Réserve de l'écureuil	Calcul
12	....
......	....
......	....
......	....
......	

Je cherche

Les triangles cachés

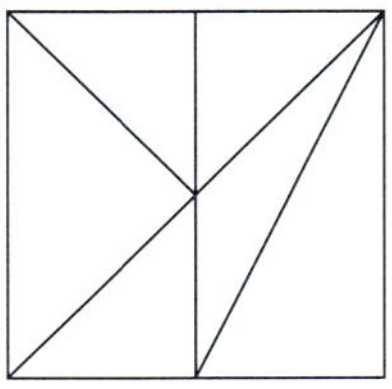

Il y a 6 triangles bien visibles
à l'intérieur du carré. **Colorie**-les tous.

Il y a 5 autres triangles moins visibles. **Colories**-en un sur chacune des figures.

Exemple :

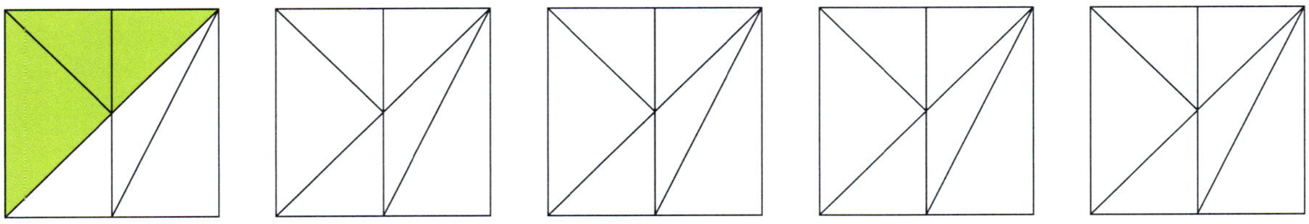

Lecture de l'heure

Exercice **1** **Relie** chaque horloge à l'étiquette et à l'activité de Tom correspondantes.

Il est 9 heures.	Il est 12 heures.	Il est 9 heures.	Il est 4 heures.

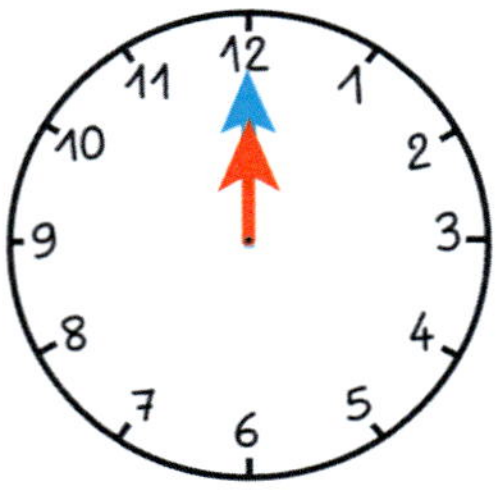
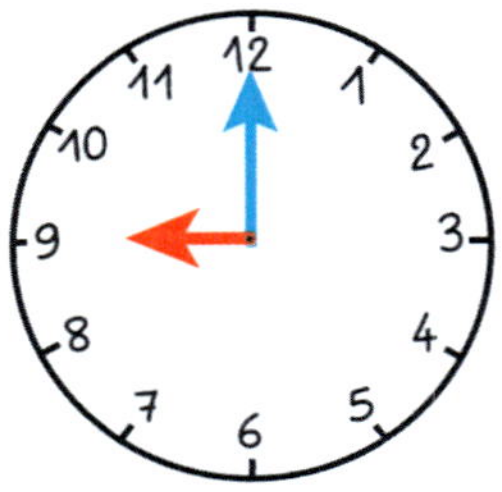
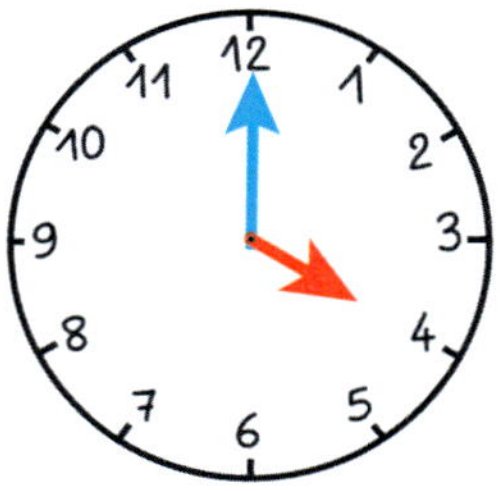
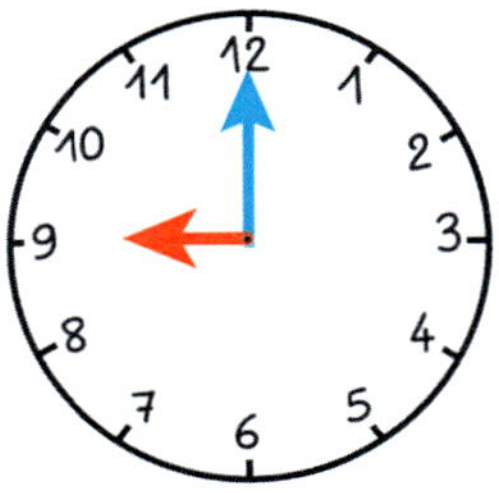

Exercice **2** **Relie** chaque horloge à l'étiquette correspondante.

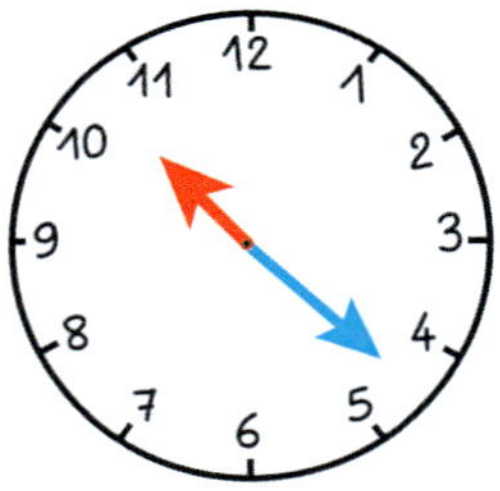
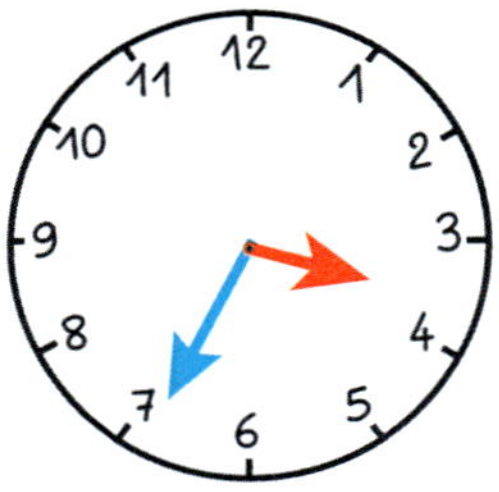
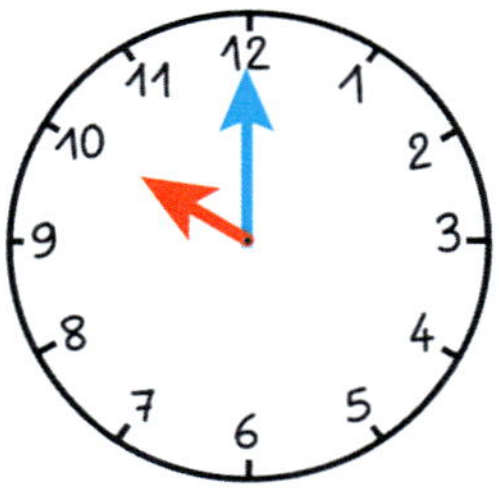
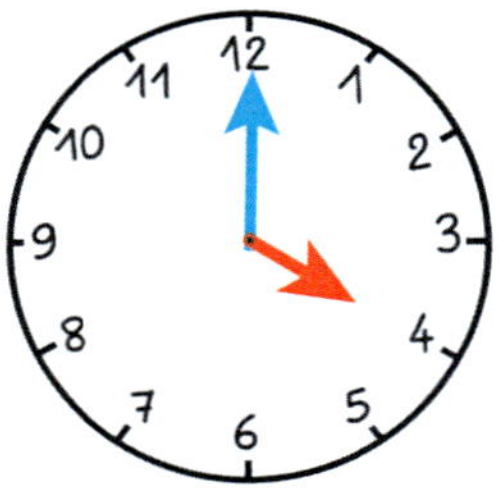

Il est entre 3 heures et 4 heures.	Il est 4 heures.	Il est 10 heures.	Il est entre 10 heures et 11 heures.

Matériel autocollant

Bienvenue au CP

15 Je m'entraîne à mon rythme

2 Ce que j'ai découvert

1	2	3	4	5
6	7	8	9	10

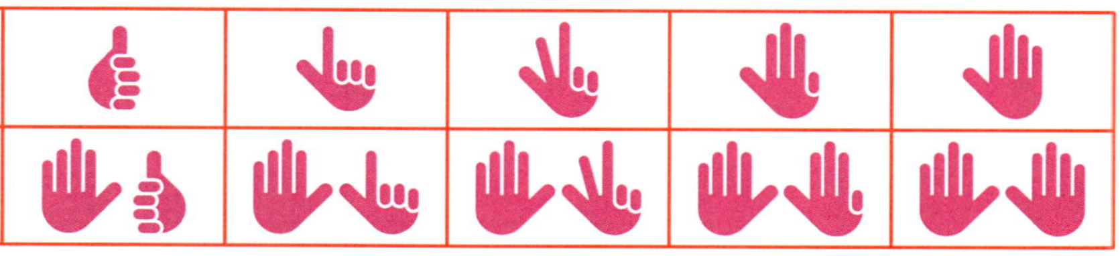

3 Je m'entraîne à mon rythme

27 Exercice 3

Matériel calque

17 Exercice 1

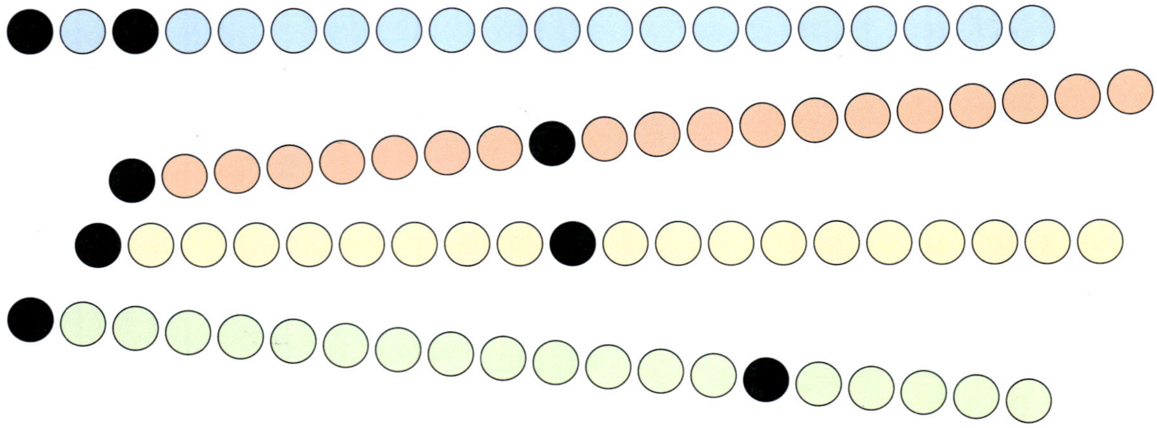

18 Exercice 1

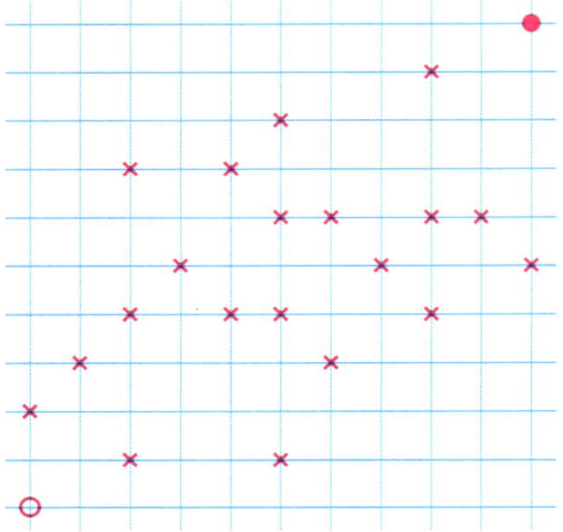

18 Exercice 2

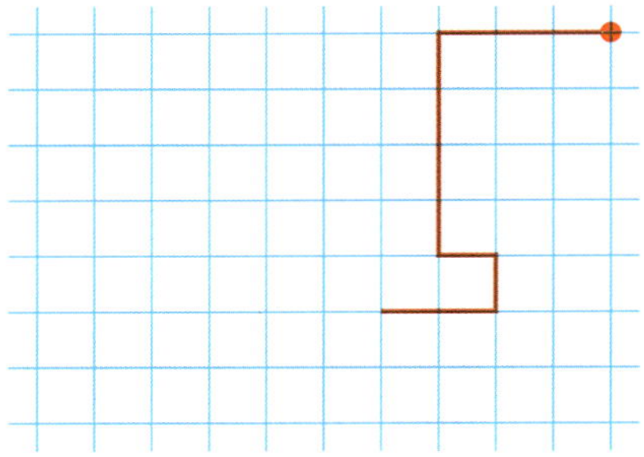

22 Exercice 1

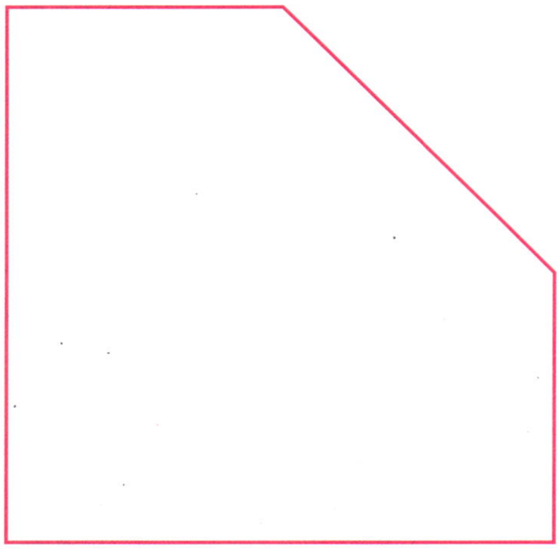

Mon année de maths

CP
Cycle 2

Nouveaux programmes

Extraits supplémentaires gratuits
www.editions-sed

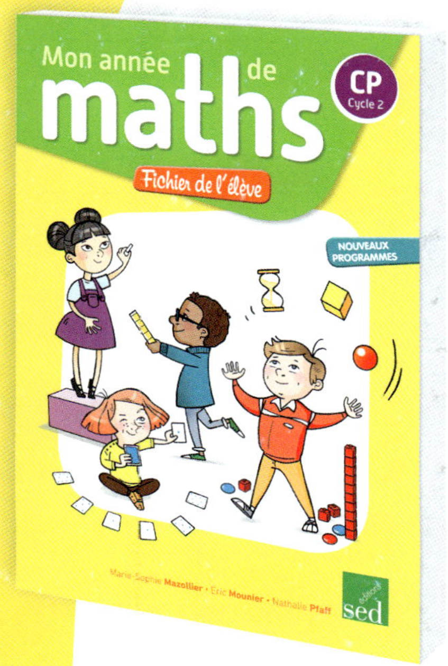

Dossier de présentation

éditions sed

❶ Découverte

Chaque séquence débute par une mise en situation problème, pour faire émerger la notion traitée.

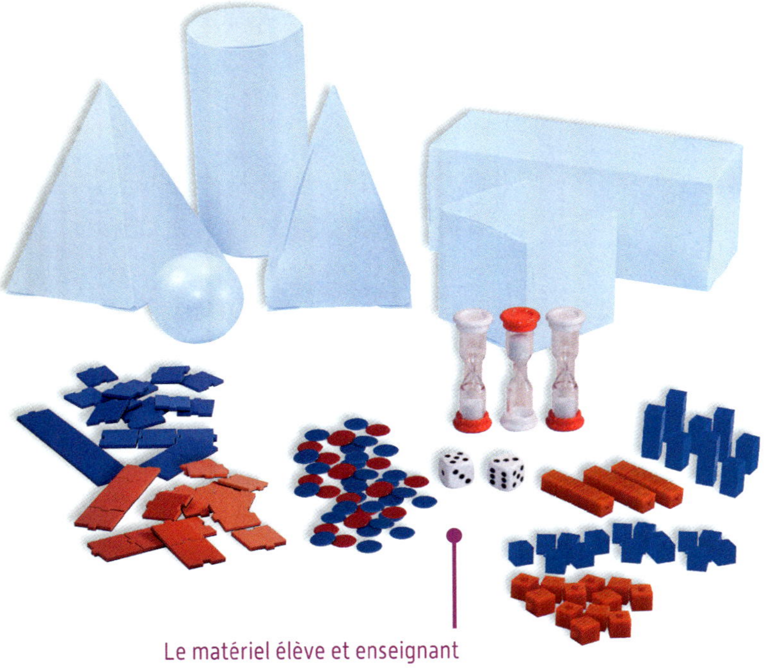

Le matériel élève et enseignant

La rubrique « Ce que j'ai découvert » du fichier de l'élève : pour mettre en commun, et valider le savoir travaillé

Ce que j'ai découvert

Parfois je vois immédiatement où il y a en le plus, sinon je peux faire des couples.

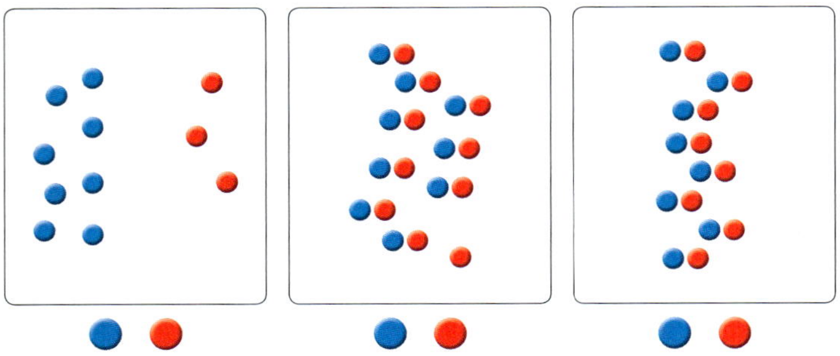

J'entoure le rond de la couleur où il y en a le plus.
Quand il y en a autant j'entoure les deux.

❷ Entraînement, ré

À l'issue de la phase de découvert
les élèves s'entraînent de façon
systématique et progressive.

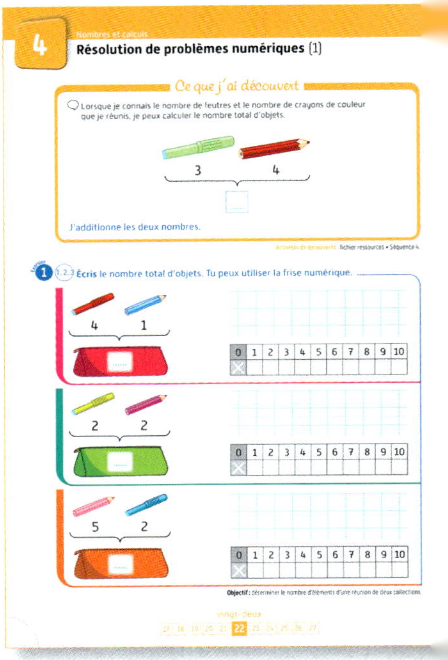
4 Nombres et calculs
Résolution de problèmes numériques (1)

Ce que j'ai découvert

Lorsque je connais le nombre de feutres et le nombre de crayons de couleur que je réunis, je peux calculer le nombre total d'objets.

3 4

J'additionne les deux nombres.

1 Écris le nombre total d'objets. Tu peux utiliser la frise numérique.

4 1 — 0 1 2 3 4 5 6 7 8 9 10
2 2 — 0 1 2 3 4 5 6 7 8 9 10
5 2 — 0 1 2 3 4 5 6 7 8 9 10

vingt-deux

Des exercices d'entraînement à partir de contextes variés

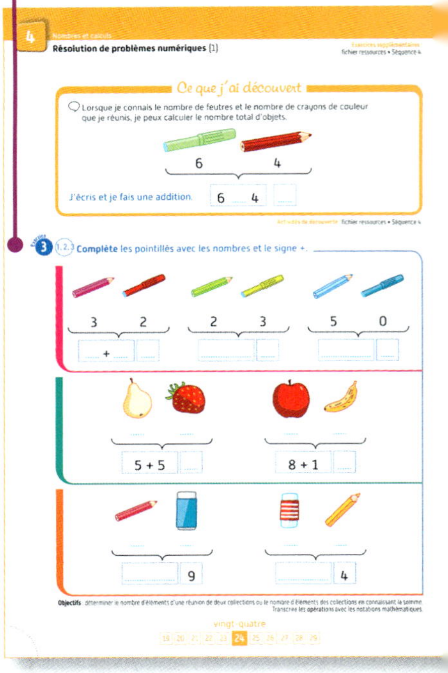
4 Nombres et calculs
Résolution de problèmes numériques (1)

Ce que j'ai découvert

Lorsque je connais le nombre de feutres et le nombre de crayons de couleur que je réunis, je peux calculer le nombre total d'objets.

6 4

J'écris et je fais une addition. 6 4

3 Complète les pointillés avec les nombres et le signe +.

3 2 +   2 3   5 0

5 + 5   8 + 1

9   4

vingt-quatre

…estissement

Un travail quotidien du calcul mental

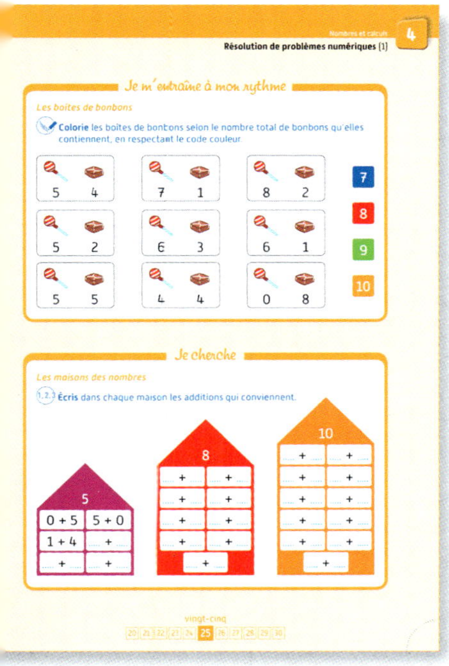

3 Différenciation et autonomie

À la fin de chaque séquence, le fichier de l'élève propose une activité autonome sur la notion, ainsi qu'un exercice de recherche.

Des fiches d'activités supplémentaires permettent une approche différenciée.

Un exercice en autonomie pour revenir sur la notion

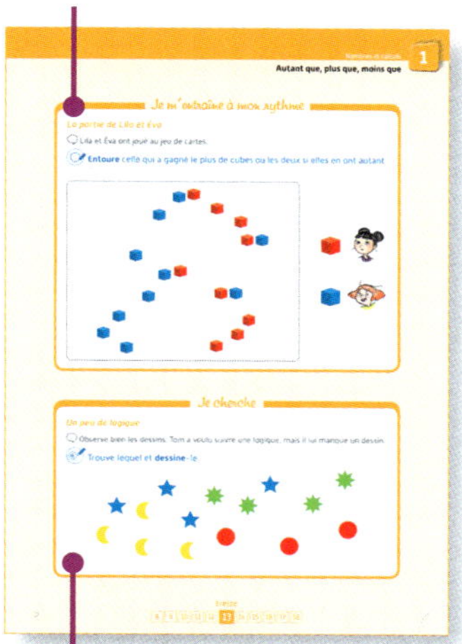

Un exercice de recherche

Pour chaque séquence, des activités supplémentaires de différenciation

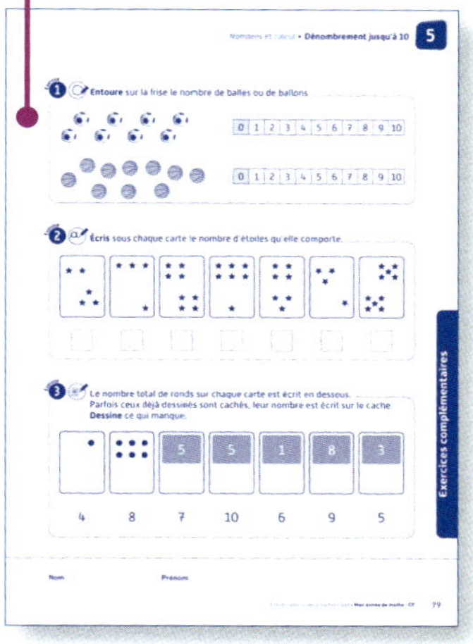

4 Évaluation

Un ensemble de fiches photocopiables pour évaluer les notions.

Une évaluation par séquence

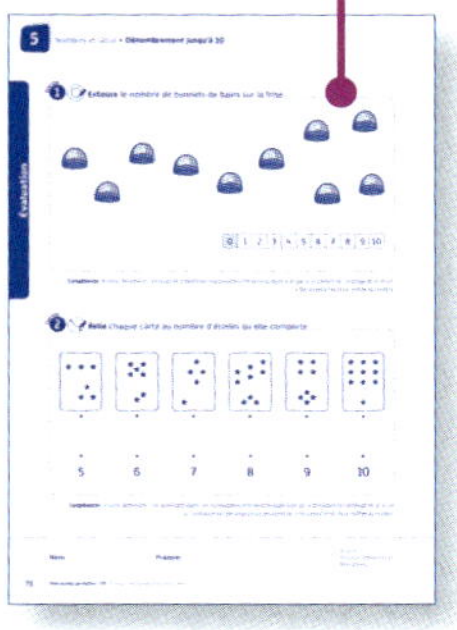

Mon année de maths CP

Cette nouvelle méthode de mathématiques a été créée dans le respect des rythmes d'apprentissage de l'enfant, en se fixant pour objectif d'amener **tous les élèves** à maîtriser les connaissances définies dans les programmes 2016.

Elle tient compte des conditions réelles d'enseignement, et les séances, les progressions et leur programmation ont fait l'objet de plusieurs années d'expérimentation dans de nombreuses classes de CP. Elle bénéficie ainsi de l'expérience du terrain et des dernières avancées en didactique des mathématiques. Les auteurs remercient par ailleurs chaleureusement les professeurs des écoles qui les ont accueillis dans leurs classe et les ont aidés à tester la démarche qui fait la spécificité de ***Mon année de maths CP***.

Les apprentissages se construisant dans la durée, la progression proposée est spiralaire. Elle s'appuie sur le travail des semaines passées pour introduire des savoirs nouveaux, revenir sur les savoirs anciens et permettre à tous les élèves de les revisiter et de les consolider.

La structure en semaine de l'ouvrage (1 séquence = 1 notion = 1 semaine), facilite l'organisation de la classe et la pratique de la différenciation.

Les choix didactiques

Une démarche structurée

• Les connaissances sont introduites grâce à des **situations de découverte motivantes**, **concrètes**, c'est-à-dire mises en œuvre dans la classe, pour s'assurer d'un vécu commun. Elles sont fondées sur **la manipulation**, qui est essentielle à la construction des concepts. La manipulation permet la constitution d'images mentales qui pourront ensuite être mobilisées. Par exemple, l'étude des solides s'effectue grâce au matériel de l'enseignant et au matériel détachable du fichier qui permet de construire des solides. Tout le matériel nécessaire aux manipulations est fourni avec la méthode.

• Ce matériel devient aussi, progressivement, un outil de différenciation et de validation. Par exemple, la manipulation des cubes emboîtables, utilisés fréquemment pour la numération décimale, permet tout d'abord de comprendre l'intérêt des groupements, de dix en particulier, pour comparer ou dénombrer des grandes collections. Cette manipulation est ensuite proposée aux élèves qui n'ont pas encore construit les images mentales nécessaires, pour valider ou invalider une réponse à un exercice sans manipulation. La vérification de la réponse avec le matériel permet à l'élève de mieux comprendre les raisons de ses réussites et de ses erreurs.

• Une phase d'**institutionnalisation**, synthèse de chaque situation de découverte, permet aux nouvelles connaissances de devenir les connaissances communes à retenir. Cette phase est décrite dans le fichier ressources. Dans le fichier élève, les éléments à mémoriser sont écrits par l'élève dans un encadré spécifique : « Ce que j'ai découvert ».

• **Les apprentissages structurés** à la suite des situations de découverte sont réinvestis dans des **exercices d'entraînement** de difficulté croissante. Les exercices comportent plusieurs items, mais toujours avec **une seule et même consigne**. Ainsi les élèves, encore non lecteurs en CP, peuvent travailler à leur rythme. Des exercices similaires sont également proposés dans des contextes différents, afin de favoriser la transposition des connaissances construites initialement dans une situation de découverte particulière.

• **Les connaissances et compétences sont évaluées** grâce à des fiches d'exercices photocopiables proposées dans le fichier ressources, pour permettre à l'enseignant d'organiser ses évaluations à son rythme, en fonction de son organisation pédagogique.

La construction du nombre

La construction du nombre est une étape essentielle de la classe de CP. C'est pourquoi ***Mon année de Maths CP*** se concentre particulièrement sur ce point en distinguant numération orale et numération écrite.

• Les difficultés de la **numération orale** (nom des nombres entre un et seize, des nombres compris entre soixante-dix et quatre-vingt-dix-neuf) sont abordées progressivement tout au long de l'année lors de séances quotidiennes. Ce travail est en continuité de celui réalisé à l'école maternelle.

• L'écriture chiffrée ne constituant pas une simple transcription écrite du langage oral, elle est le vecteur de nouvelles connaissances mathématiques à acquérir. Aussi, la **numération écrite**, numération décimale de position, est construite très progressivement tout au long de l'année, en parallèle de la numération orale. Pour la numération écrite des nombres à deux chiffres, il s'agit de faire comprendre la valeur des chiffres en fonction de leur position dans le nombre : l'écriture chiffrée d'un nombre est un code qui traduit une organisation des éléments d'une collection. Ce travail est facilité par la manipulation d'un matériel spécifique, des cubes emboîtables (pour les élèves) et des carrés magnétiques (pour l'enseignant). La frise numérique est introduite progressivement, d'abord jusqu'à vingt pour comparer, dénombrer et calculer, puis jusqu'à soixante, quatre-vingts et cent dans les rituels de calcul mental.

La résolution de problèmes

La résolution de problèmes a une place prépondérante dans la démarche. Enseigner les mathématiques ne consiste pas à donner des outils pour faire des mathématiques, mais à faire en sorte que les mathématiques soient un outil pour résoudre des problèmes. Ceux-ci permettent de découvrir de nouvelles notions (situations-problèmes), de s'entraîner à maîtriser les savoirs et savoir-faire, d'apprendre à chercher.

Des séquences entières sont consacrées à l'apprentissage de la **résolution de problèmes numériques**. En ce domaine, la progression est établie en fonction des types de problèmes. Chaque type de problème est associé à une situation de référence qui est toujours présentée avec du matériel. Le matériel permet de comprendre le contexte et, dans un premier temps, de résoudre les problèmes. Dans un deuxième temps, le matériel sert à valider ou à invalider le résultat.

Le calcul

Les techniques de calcul sont toujours travaillées en intelligence avec le sens des opérations.

• **Le calcul mental** est une priorité, il est indispensable dans la construction de nombreux concepts mathématiques. Sa progression est détaillée dans le fichier ressources. Elle travaille conjointement le **calcul automatisé** qui permet de restituer un résultat mémorisé ou reconstruit de manière quasi-immédiate, et le **calcul réfléchi** qui permet de trouver des résultats en s'appuyant sur des résultats mémorisés et des procédures personnelles.

En particulier sont étudiés :

– en calcul automatisé : les tables d'addition, l'ajout ou le retrait de 1 ou 2 à n'importe quel nombre, les compléments à 5, à 10, les doubles, les ajouts de dizaines entières ;

– en calcul réfléchi : la décomposition des nombres jusqu'à 10, le calcul d'une somme à partir des doubles auxquels on ajoute 1, la transformation d'une somme de deux nombres en une somme d'un nombre et de 10.

• **Le calcul posé** repose sur la maîtrise de la numération décimale. La technique opératoire est introduite petit à petit en lien avec le travail de la numération décimale et à l'aide du matériel proposé.

L'espace et la géométrie

– En CP, la **géométrie** est avant tout **perceptive**, en prolongement du travail réalisé à l'école maternelle. Ce travail est néanmoins plus approfondi. Les élèves manipulent des formes géométriques planes avant de reconnaître leurs représentations sur le fichier et de les tracer. Ils manipulent également des solides (matériel de l'enseignant et matériel de l'élève) pour s'en construire des images mentales et acquérir du vocabulaire associé. L'essentiel du travail autour des solides est réalisé lors des activités de manipulation.

– Le travail sur l'espace est abordé dans l'espace réel, avant d'être poursuivi dans l'espace représenté (illustrations, photos, plans sur lesquels l'élève doit se repérer).

Les grandeurs et mesures

• **Le sens des grandeurs** étudié au CP (longueur, masse, contenance, durée) est construit via des activités de comparaison directe et indirecte, sans utiliser la mesure. Celle-ci est introduite dans un deuxième temps avec des unités étalons. Conformément aux programmes, les unités métriques seront introduites en CE1.

• Le travail sur la **monnaie**, est axé sur la compréhension de la différence entre valeur et quantité par des activités concrètes vécues en classe, grâce au matériel de l'élève.

• **Le repérage dans le temps** est travaillé à travers des situations qui abordent l'utilisation d'un calendrier et du matériel de lecture de l'heure.

Les choix pédagogiques

Construire les apprentissages

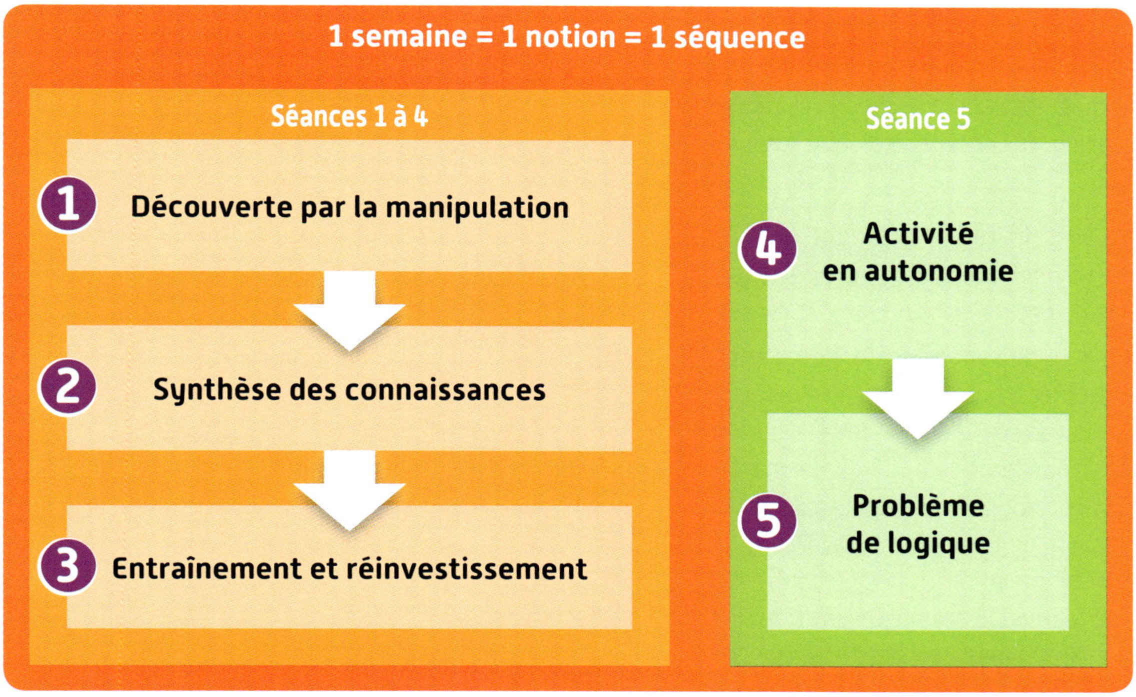

• Pour que les élèves construisent leurs connaissances par étapes, le travail sur **une semaine** est consacré à une même notion : c'est l'enjeu d'une **séquence d'apprentissage**. Ce travail se traduit par des séquences de **deux doubles pages** dans le fichier élève. La première semaine de l'année « *Bienvenue au CP* », souvent consacrée à la découverte des règles de vie et de travail, est allégée. Il s'agit simplement de découvrir le fichier, le matériel et les quatre personnages qui accompagneront les élèves tout au long de leur année de maths. S'ensuivent **trente-trois séquences pour trente-trois semaines de travail**. Une marge de deux à trois semaines est prévue pour laisser de la souplesse, notamment pour ce qui concerne les phases d'évaluation.

• **Une séquence est un tout cohérent de quatre séances, plus une cinquième**. Les quatre premières sont consacrées à l'objectif de la séquence. Les nouvelles connaissances sont tout d'abord introduites via une **situation de découverte**, situation-problème, vécue dans la classe grâce au matériel de l'enseignant, au matériel de l'élève, au matériel détachable du fichier ou à du matériel ordinaire (crayons, feutres, etc.). **Les situations de découvertes** donnent du sens aux notions abordées. Elles permettent de mettre en évidence des obstacles qui seront dépassés grâce aux nouvelles connaissances. Les apprentissages découlant de cette situation sont institutionnalisés dans l'encadré « *Ce que j'ai découvert* » du fichier de l'élève, puis exercés dans des contextes variés, dans les **exercices d'entraînement** et de **réinvestissement**. **Les situations de réinvestissement dans des contextes différents** favorisent la bonne compréhension et l'abstraction de ces nouvelles connaissances. Le travail se fait régulièrement hors fichier, lors des activités de découverte ou de réinvestissement, puis dans le fichier.

• **La cinquième et dernière séance** de la semaine, qui correspond toujours à la 4e page de la séquence, revient sur les connaissances et compétences travaillées, afin de permettre une **différenciation** (« *Je m'entraîne à mon rythme* ») **et une ouverture sur un problème de recherche** (« *Je cherche* »). Ce problème n'est pas nécessairement en lien direct avec les objectifs de la semaine mais le plus souvent en lien avec des objectifs antérieurs. Il permet également de développer des compétences transversales, des compétences de chercheur. Les problèmes de recherche favorisent le développement du raisonnement logique, de l'observation et de l'esprit d'initiative. Ils font travailler les élèves différemment.

Différencier

La différenciation, c'est pouvoir apporter à tous selon leurs besoins. Pour être mise en œuvre, il faut que sa gestion dans la classe soit aisée.

• **L'aide à apporter aux élèves en difficulté** est proposée au fur et à mesure des déroulés dans le fichier ressources, pour pouvoir être gérée au sein des séances. Elle s'appuie sur le matériel de manipulation. Le travail sur le fichier de l'élève est conçu pour permettre une autonomie grandissante des élèves et donc donner le temps à l'enseignant de se consacrer aux élèves en difficulté. En ce sens, les exercices comportent plusieurs items mais toujours avec une seule et même consigne. Ainsi les élèves, encore non lecteurs en CP, peuvent travailler à leur rythme. De plus, une séance est prévue chaque semaine pour revenir sur les difficultés rencontrées dans la semaine, grâce à l'activité « *Je m'entraîne à mon rythme* ». Elle reprend les compétences travaillées pour revenir sur les difficultés éventuellement rencontrées par certains et pour entraîner les élèves les plus rapides.

• Pour **les élèves qui réussissent plus rapidement**, des exercices supplémentaires sont proposés dans le fichier ressources, pour leur permettre d'aller plus loin et pour faciliter la gestion des rythmes de travail. Les consignes sont les mêmes que celles des exercices du fichier de l'élève, afin de favoriser une plus grande autonomie. Il est également proposé de les faire travailler autrement (jeux, tutorat...). Tous ces éléments facilitent par ailleurs l'utilisation de l'ouvrage dans **des classes à multiples niveaux**.

L'évaluation

L'évaluation des connaissances reprend la même forme que les exercices traités dans le fichier de l'élève, pour ne pas apporter de difficultés nouvelles et ainsi fausser les résultats et leur interprétation. Elles sont proposées dans le fichier ressources sous forme de fiches photocopiables, pour laisser à l'enseignant une liberté de mise en œuvre. Les compétences évaluées au travers des exercices proposés sont précisées sous chaque activité, afin de rendre plus aisée la rédaction des bilans dans les livrets scolaires.

Extraits supplémentaires gratuits
www.editions-sed

Les outils de la collection Mon année de Maths

Le fichier de l'élève

Il comprend 33 séquences réparties en 5 périodes de travail et fait 144 pages. Il contient 11 pages de matériel de manipulation :

- 1 page d'autocollants ;
- 8 pages cartonnées et prédécoupées, pour la mise en œuvre des activités de découverte ou des exercices (gabarits, bandes étalon, monnaie, patrons de solides...) ;
- 2 pages de calque pour faciliter les corrections des exercices en géométrie.

Le fichier ressources

Le fichier ressources est **un accompagnement didactique et pédagogique** de l'enseignant. Il propose :

- les choix didactiques explicités ;
- les **séances de calcul mental** décrites semaine par semaine, et séance par séance ;
- les **mises en œuvre** des séances ;
- les **procédures attendues et les erreurs prévisibles des élèves**, les points importants qui permettront de gérer les **mises en commun** et la structuration des apprentissages, **les bilans** ;
- les **corrections des exercices** ;
- les éléments concernant la **différenciation** ;
- les **annexes à photocopier** nécessaires à certaines séances ;
- les **exercices supplémentaires** et les **évaluations**.

Le matériel de l'enseignant

Le **matériel de l'enseignant** facilite l'explicitation des consignes et les mises en commun. Il est composé de :

- une frise numérique collective de 0 à 100 ;
- 6 posters de référence à compléter avec des étiquettes ;
- 100 carrés magnétiques emboîtables rouges et 100 carrés magnétiques emboîtables bleus ;
- 7 solides à monter : un cube, un pavé, une pyramide, une sphère, un cylindre, un prisme, un cône ;
- 3 sabliers (60 s., 1 min., 1 min. 10) pour travailler sur la durée.

Le matériel de l'élève

Le **matériel de l'élève** est utilisé dans les situations problèmes. Il permet la construction des images mentales, la compréhension des situations, l'expérimentation, la validation. Il est proposé en pochette pour 8 élèves, composée de :

- 4 dés ;
- 160 jetons rouges et bleus (10 jetons rouges et 10 jetons bleus par élève) ;
- 480 cubes emboîtables (40 cubes rouges et 40 cubes bleus, soit 80 cubes par élève).

Séquences du fichier de l'élève

Le sommaire

Le matériel de l'enseignant

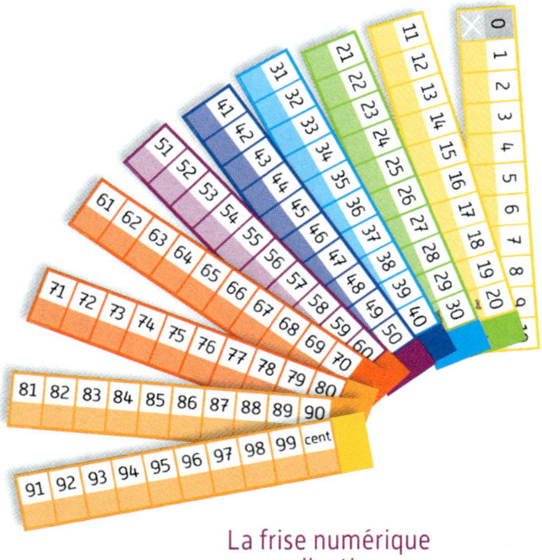

La frise numérique collective

Les posters de référence

Le matériel de l'élève

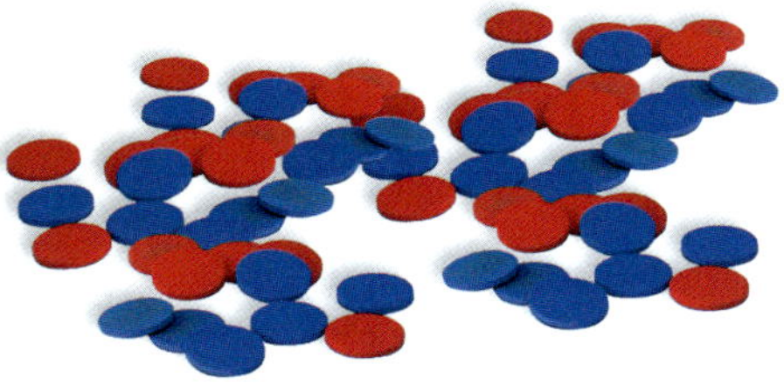

Les jetons

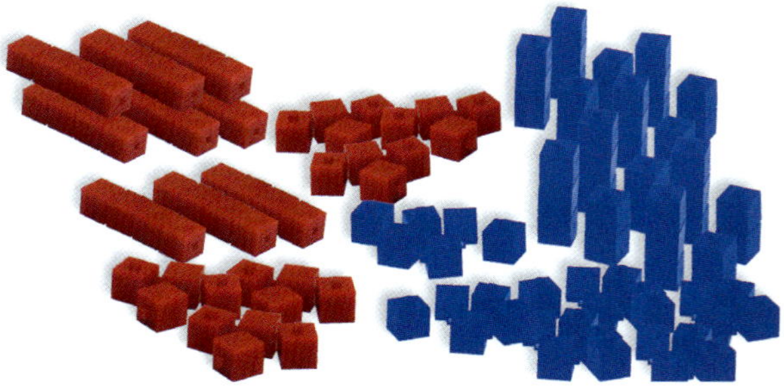

Les cubes emboîtables

Les dés

La monnaie

Les carrés magnétiques emboîtables
pour le tableau de la classe

Les solides

Les sabliers

Les autocollants

La frise numérique
individuelle

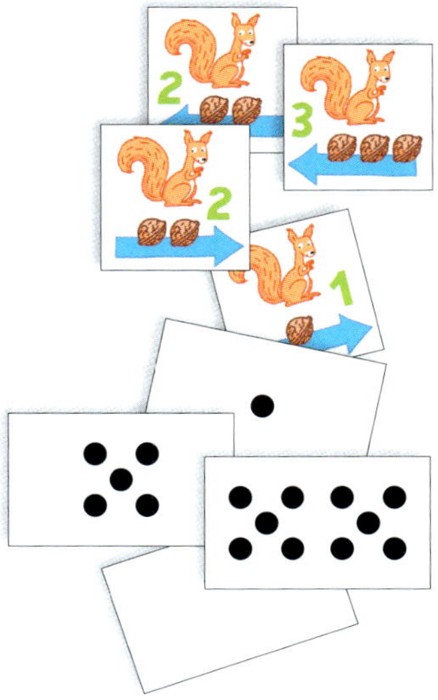

Le loto des positions

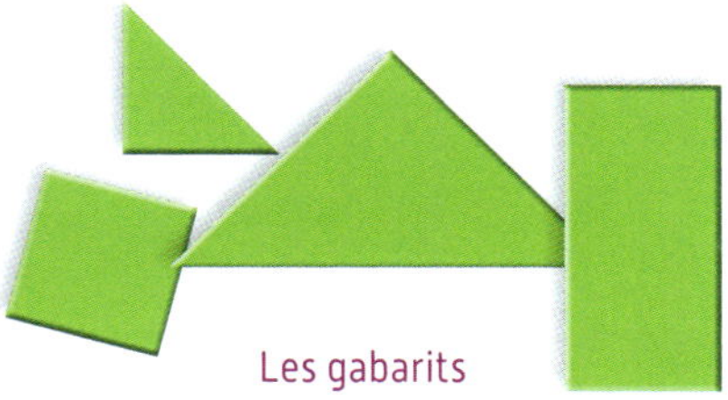

Les gabarits

Les jeux de cartes

Mon année de **maths** CP Cycle 2

Une séquence par semaine = une notion.

Après la phase de découverte, l'élève fait la synthèse de la notion abordée.

Des exercices sont proposés pour s'entraîner et réinvestir la notion.

5 Nombres et calculs

Dénombrement jusqu'à 10

Ce que j'ai découvert

p. 157

Pour trouver le nombre de bonnets de bain, je peux compter les bonnets un par un.

Il y a .... bonnets de bain.

Activités de découverte : fichier ressources • Séquence 5.

Exercice 1

Lila, Tom, Éva et Max ont joué avec des balles ou des ballons.

Entoure sur la frise le nombre de balles ou de ballons que chacun a utilisés.

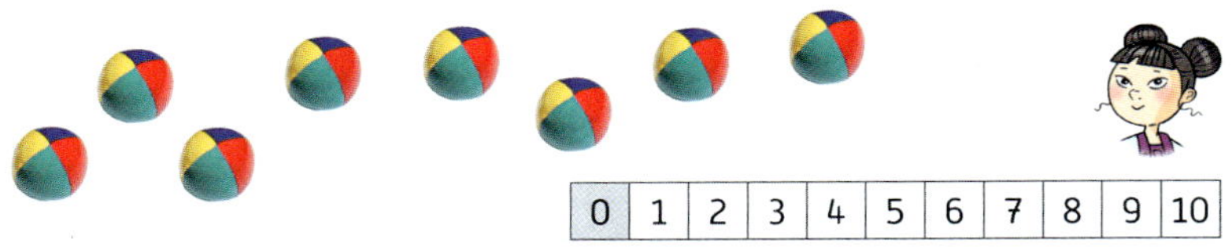

0	1	2	3	4	5	6	7	8	9	10

0	1	2	3	4	5	6	7	8	9	10

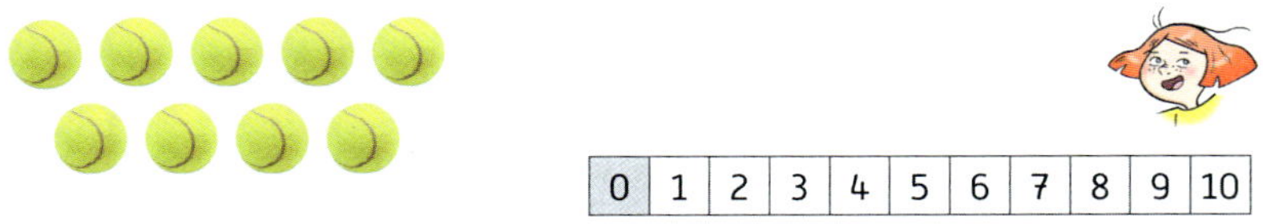

0	1	2	3	4	5	6	7	8	9	10

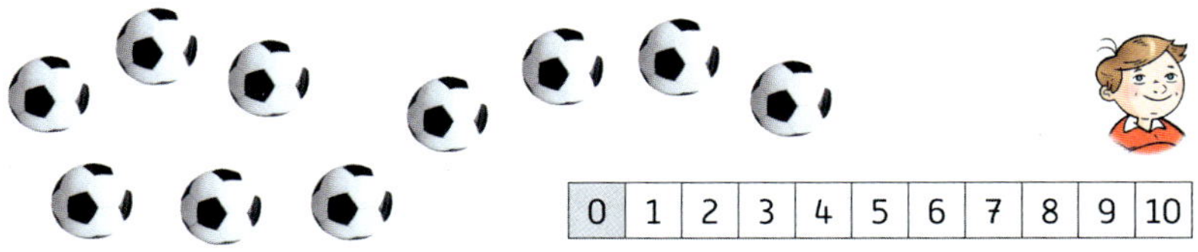

0	1	2	3	4	5	6	7	8	9	10

Objectif : dénombrer des collections ayant jusqu'à dix éléments, en veillant à l'énumération.

Le fichier de l'élève

Le programme de calcul mental de la semaine.

Calcul mental de la semaine : Dire la suite orale des nombres en arrière, de 1 en 1, **à partir de 20**. • Lire et écrire les nombres jusqu'à 20. • Ajouter deux nombres dont la somme est inférieure ou égale à 5.

5

Ce que j'ai découvert

p. 157

Pour trouver le nombre de bonnets de bain, je peux utiliser des groupes de plusieurs bonnets.

....

Il y a ...... bonnets de bain en tout.

Activités de découverte : fichier ressources • Séquence 5.

La notion se développe et se structure au fil des séances.

Exercice 2

Un nombre d'étoiles est écrit sur le côté.

Entoure toutes les cartes qui ont exactement ce nombre.

Une consigne unique pour plusieurs activités.

4

5

6

7

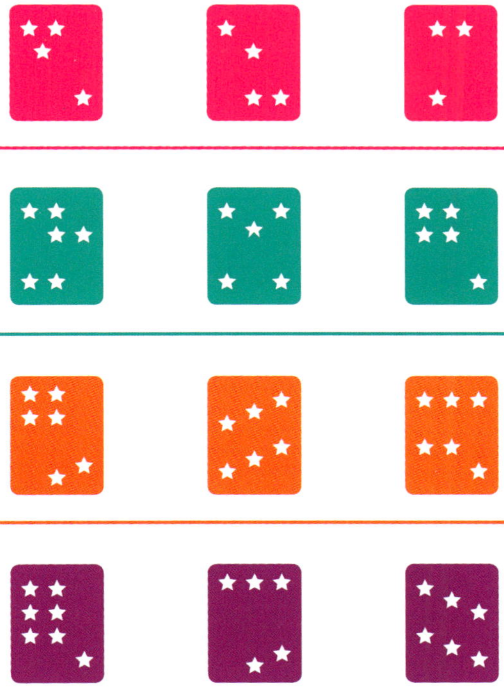

L'entraînement et le réinvestissement se font systématiquement dans des contextes variés.

Objectif : dénombrer des collections ayant jusqu'à dix éléments, en utilisant les décompositions des nombres.

vingt-sept

22 23 24 25 26 **27** 28 29 30 31 32

Dans le fichier ressources, des exercices supplémentaires sont proposés.

5 Nombres et calculs

Dénombrement jusqu'à 10

Exercices supplémentaires : fichier ressources • Séquence 5.

Les consignes sont précédées de pictogrammes pour faciliter la compréhension.

Exercice 3 Éva, Max et Tom ont voulu faire des cartes qui doivent avoir le même nombre de points. Ce nombre est écrit sur le côté. Mais ils ont fait des erreurs.

Dessine ce qui manque ou **barre** ce qui est en trop.

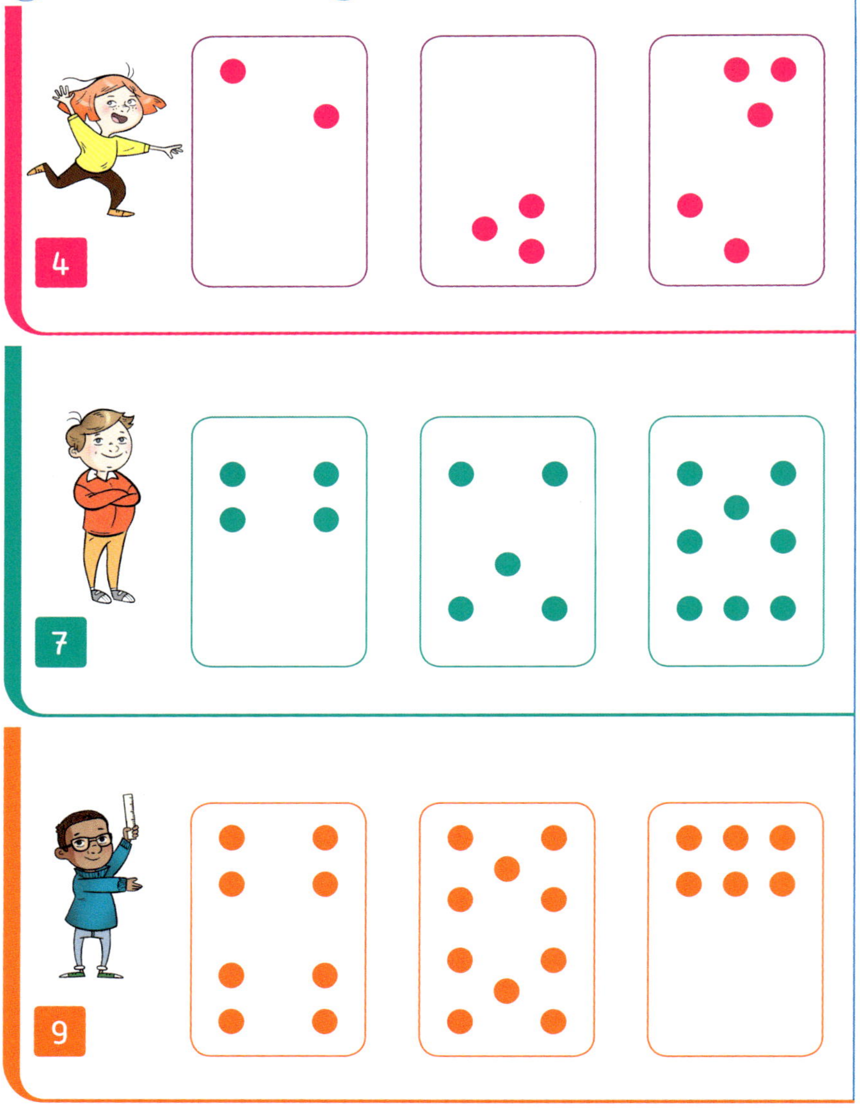

Objectif : s'entraîner à dénombrer des collections comportant au plus dix éléments.

Les objectifs de la séance.

vingt-huit

23 24 25 26 27 **28** 29 30 31 32 33

Nombres et calculs

5

Dénombrement jusqu'à 10

Je m'entraîne à mon rythme

Le mot codé

Écris les lettres qui correspondent aux nombres de points et découvre le mot caché.

5	6	7	8	9	10
D	O	M	E	C	L

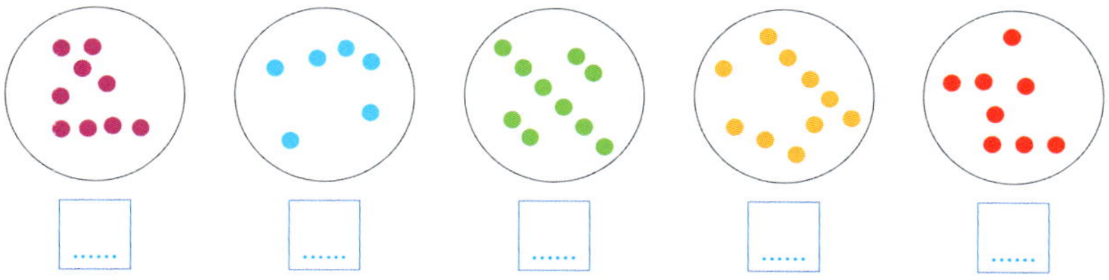

En fin de séquence, un dernier exercice permet de réinvestir la notion en autonomie ou en différenciation.

Je cherche

De pierre en pierre

La grenouille peut sauter d'une pierre sur une pierre voisine. Elle doit faire 10 sauts pour arriver à la fleur. Elle ne revient jamais sur une pierre où elle est déjà passée.

Trace un chemin qu'elle peut prendre.

Un problème est proposé pour finir la séquence, afin de développer les compétences de chercheur de l'élève.

Le déroulé d'une séquence d'apprentissage.

La semaine de calcul mental explicitée.

1 séquence correspond à 5 séances de travail (= 1 semaine).

Un énoncé précis et structuré des objectifs de la semaine et leur correspondance aux programmes.

Les précisions didactiques sur la notion.

5 Nombres et calcul

Dénombrement jusqu'à 10

pp. 26-29

Calcul mental 5 ×

• **Objectif 1** : Dire la suite orale des nombres en arrière, de 1 en 1, **à partir de 20**.

• **Objectif 2** : Lire et écrire les nombres jusqu'à 20.

Activité pour l'objectif 2 : Comme la semaine précédente.

• **Objectif 3** : Ajouter deux nombres dont la somme est inférieure ou égale à 5.

Activité pour l'objectif 3 : L'enseignant montre un certain nombre de doigts sur une main en disant le nombre. Il cache cette main et montre un certain nombre de doigts sur l'autre main en disant le nombre. Les élèves écrivent, sur leur ardoise, le nombre de doigts levés en tout (sur les deux mains).

Pour la correction, l'enseignant montre les doigts levés sur les deux mains et énonce le premier nombre, puis le second et indique le nombre en tout. Il répète en utilisant le signe +.

Exemple : 2 et 3, en tout ça fait 5 ; 2 + 3 ça fait 5.

Séquence d'apprentissage

Objectif(s) de la séquence

• Réaliser et dénombrer des quantités inférieures ou égales à 10 en utilisant le comptage de un en un et les décompositions des nombres.

• Connaître leur écriture chiffrée.

Compétence(s), connaissance(s) et savoir(s) du BO

• Dénombrer, constituer et comparer des collections.

• Utiliser diverses stratégies de dénombrement.

• Utiliser diverses représentations des nombres.

• Passer d'une représentation à une autre, en particulier associer le nom des nombres à leur écriture chiffrée.

Pourquoi revenir sur le dénombrement des quantités jusqu'à 10 ?

Les objectifs de cette séquence ont déjà été travaillés à la maternelle, mais les apprentissages s'inscrivent dans la durée. Il est nécessaire de réinvestir les connaissances et compétences travaillées en variant les contextes et les difficultés. Ce sera, dans cette séquence, l'occasion de travailler, en particulier, les difficultés liées à la conservation de la quantité, à l'énumération d'une collection d'objets non manipulables. Énumérer une collection c'est la parcourir en considérant chaque objet une et une seule fois, sans en oublier et sans en considérer deux fois.

L'accent sera mis sur les compositions et décompositions des nombres. Une quantité est perçue comme une réunion de différentes quantités. La capacité à dénombrer jusqu'à 10 rapidement et sans erreur est indispensable pour la suite des apprentissages en CP.

Séance 1

Objectifs de la séance

• Découvrir des procédures d'énumération pour dénombrer des collections non manipulables.

• Connaître l'écriture chiffrée du nombre.

Matériel pour l'enseignant

- les collections de bonnets de bain photocopiées agrandies, annexe p. 80 ;
- des jetons bonnets de bain agrandis ;
- la frise numérique collective jusqu'à 10.

Matériel par élève

- les collections de bonnets A à D à photocopier, annexe p. 80 ;

Toutes les séquences débutent par une phase de découverte et de manipulation.

Extraits supplémentaires gratuits
www.editions-sed

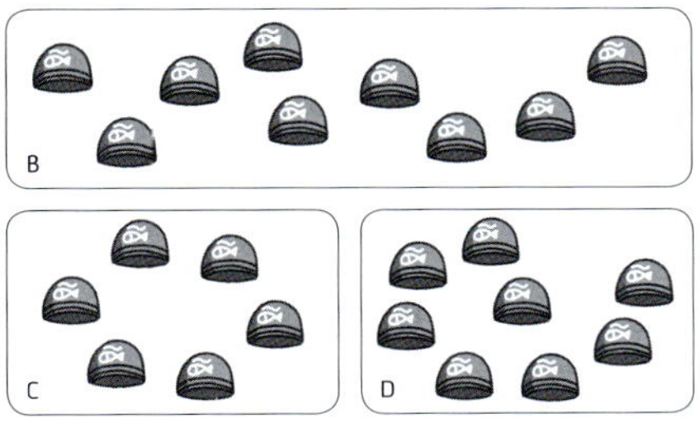

- les collections de bonnets de E à G à photocopier éventuellement pour la différenciation.

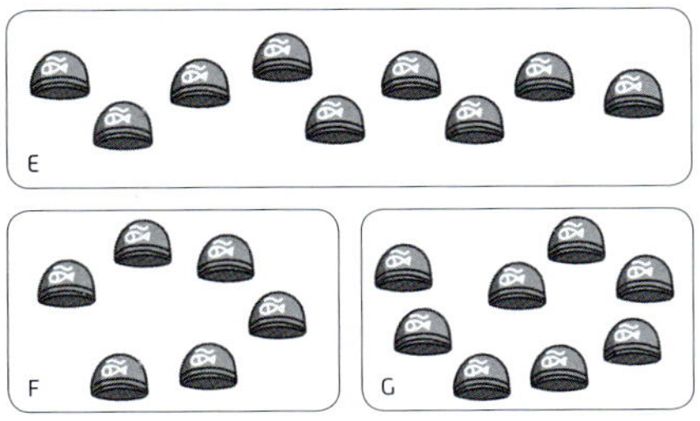

Éventuellement pour la validation :

- une barquette ;
- au moins dix jetons bonnet de bain dans la barquette ; 146
- la frise numérique jusqu'à 10. 147

Activité de découverte

Tâche

Dénombrer des collections de bonnets de bains et écrire leur nombre sur une ardoise.

Lancement

L'enseignant distribue la collection A aux élèves et l'affiche agrandie en indiquant, par exemple, que ce sont les bonnets que les élèves n'ont pas encore mis avant d'aller à la piscine.

Consigne : « Combien reste-t-il de bonnets ? »

Recherche

Pour faciliter la mise en commun et la validation de cette première situation, il est préférable que les élèves aient tous la même collection à dénombrer, la collection A qui ne présente pas de difficulté majeure d'énumération.

Procédure visée :

- le comptage de un en un en énumérant la collection de manière organisée, en parcourant la collection en suivant un chemin prédéfini, puis en transcrivant le nombre trouvé en chiffre. Soit l'élève a mémorisé cette écriture chiffrée, soit il s'aide de la frise numérique.

Erreurs possibles :

- Erreur dans le comptage due à une méconnaissance de la comptine numérique.
- Erreur dans l'énumération, un bonnet est oublié ou est compté deux fois. La prise de conscience de la nécessité de suivre un chemin doit émerger de cette activité.
- Erreur de coordination entre le pointage des bonnets et la récitation de la comptine.
- Erreur dans la transcription du nom du nombre en écriture chiffrée.

Mise en commun et validation

- Un élève est envoyé au tableau pour réaliser le dénombrement demandé sur la collection affichée.
- La discussion autour de sa proposition doit permettre de répondre à ces questions : « A-t-il bien récité la comptine ? A-t-il bien pointé un bonnet à chaque mot nombre énoncé ? A-t-il bien parcouru la collection sans oublier de bonnet et sans en recompter ? Trouve-t-on le même résultat si l'on pointe les bonnets de la gauche vers la droite ou de la droite vers la gauche ? » (pour montrer l'indifférence de l'ordre).
- Le résultat obtenu est alors validé ou invalidé à l'aide des images de bonnets et de la frise numérique collective : chaque bonnet de la collection est recouvert d'une image de bonnet manipulable, puis ces images sont déplacées sous un nombre de la frise. L'enseignant montre les deux bonnets quand il dit 2, les trois quand il dit 3 et ainsi de suite.

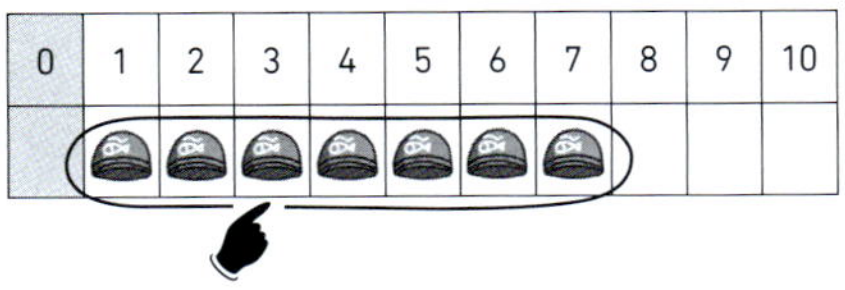

Pour illustrer différemment le fait que chaque nombre énoncé représente la quantité de bonnets déjà considérés et que le dernier indique le cardinal de la collection, on peut placer le premier bonnet sur la case 1, puis ajouter le deuxième sur la case 2. On entoure alors du doigt ces deux premiers bonnets en énonçant 2 et on les réunit sur la case 2. Et ainsi de

Les procédures attendues, et les difficultés que peuvent rencontrer les élèves.

La mise en commun et la validation sont détaillées pour assurer la compréhension de la notion.

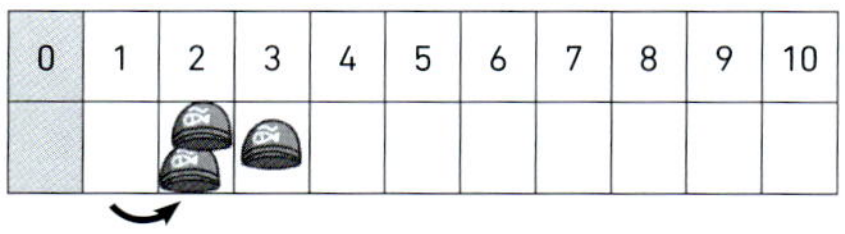

suite, si bien qu'à la fin, tous les bonnets sont sur la case indiquant le cardinal de la collection.

Chaque élève peut alors vérifier sa collection en procédant de la même manière avec sa propre frise numérique.

L'activité est reprise avec les collections B, C, D (ou E, F, G) de l'annexe page 80 du fichier ressources.

Les pistes de différenciation sont proposées.

Différenciation

Il est possible de donner aux élèves en difficulté une collection ayant le même nombre d'éléments mais dont l'énumération est plus aisée (collections E à G, annexe page 80).

Bilan

Des procédures d'énumération sont mises en évidence : le choix d'un trajet pour parcourir la collection (ce trajet est alors dessiné), en insistant sur le fait qu'on peut choisir des trajets différents, l'important est de n'avoir oublié aucun objet et de ne pas avoir considéré plusieurs fois le même. On peut également repérer les bonnets déjà considérés en les cochant.

Lors de ce bilan, l'enseignant (ou une marionnette) peut dénombrer la collection en commettant des erreurs d'énumération pour mieux les mettre en évidence.

La phase de découverte aboutit à la trace écrite sur le fichier de l'élève.

Ce que j'ai découvert p. 26

L'enseignant revient sur les points à respecter pour réussir un comptage.

Les élèves complètent l'encadré du fichier page 26 en comptant les bonnets un par un puis en écrivant ce nombre. Le trajet de l'énumération est dessiné (dans un sens ou dans l'autre) et les bonnets éventuellement cochés lors de la validation du comptage. Une frise numérique peut aider à trouver l'écriture chiffrée du nombre de bonnets en cas de difficulté.

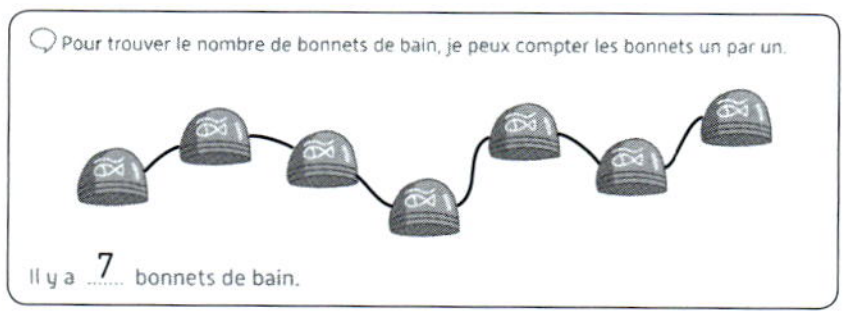

Séance 2

Objectif de la séance

Dénombrer une collection non manipulable comptant jusqu'à 10 éléments et connaître l'écriture chiffrée du nombre.

Matériel pour l'enseignant

- une reproduction agrandie de l'exercice 1 p. 26 du fichier élève.

Matériel par élève

- le fichier de l'élève p. 26.

Activité de réinvestissement Exercice 1 p. 26

Tâche

Dénombrer des collections d'objets non manipulables et entourer l'écriture chiffrée de ce nombre.

Lancement

L'enseignant affiche le premier cas et fait comprendre la tâche à réaliser. Il revient sur ce qu'il fallait retenir de la séance précédente.

Recherche

Les différents cas abordent des difficultés différentes.

- La collection du deuxième occupe davantage de place que la première mais compte pourtant moins d'éléments.

- Le troisième permet d'aborder le parcours d'une collection disposée plus ou moins en tableau et le fait que la taille des objets n'a pas d'influence sur leur nombre.

- Le quatrième fait apparaître une sorte de spirale.

Les procédures attendues et les erreurs possibles sont les mêmes que celles décrites précédemment.

Différenciation

Pour les élèves en difficulté

L'enseignant peut aider à organiser le parcours de la collection, les inciter à tracer ce parcours.

Pour les plus rapides

Exercice complémentaire n° 1 p. 79.

Mise en commun et validation

Pour les cas corrigés collectivement :

- Inventaire des réponses.

- Discussion autour des procédures utilisées, en particulier à propos du parcours de la collection.

- Validation par numérotation des ballons mais en interprétant bien chaque nombre comme la quantité de ballons déjà considérés. Les ballons peuvent être représentés par des jetons et empilés au fur et à mesure sur les cases d'une frise numérique comme lors de la séance 1.

Réponses

Cas 1 : 8 ballons ; cas 2 : 5 ballons ; cas 3 : 9 balles ; cas 4 : 10 ballons.

Bilan

Retour sur la procédure de comptage de un en un et sur les difficultés rencontrées.

Séance 3

Objectifs de la séance

• Dénombrer une collection non manipulable comptant jusqu'à 10 éléments en utilisant des compositions/décompositions des nombres ou un comptage de un en un.

• Connaître l'écriture chiffrée du nombre.

Matériel pour l'enseignant

- les collections de bonnets de bain H à I agrandies, annexe p. 81 ;

- des jetons bonnets de bain agrandis ;

- la frise numérique collective jusqu'à 10.

Matériel par élève

- les collections de bonnets H à I à photocopier, annexe page 81.

Éventuellement pour la validation :

- une barquette ;

- au moins dix jetons de bonnet de bain dans la barquette ; 146

- la frise numérique jusqu'à 10. 147

Activité de découverte

Tâche

Dénombrer des bonnets de bains et écrire leur nombre sur une ardoise.

Déroulement

Distribuer la collection H, puis procéder comme lors de la séance 1.

Les bonnets de bain sont disposés en groupe de façon à faire apparaître des décompositions des nombres 4 et 5 pour les premières, puis des doubles. L'objectif est de s'appuyer sur les décompositions de ces nombres travaillées en maternelle et, parallèlement à cette séquence, en calcul mental. Les doubles ne sont pas encore travaillés mais certains résultats sont déjà familiers pour un certain nombre d'élèves. Il est toutefois possible d'utiliser la procédure de comptage, en montrant toujours l'indifférence de l'ordre de pointage des bonnets, voir un surcomptage (pour la collection H, on voit trois bonnets et on compte ensuite quatre, cinq).

Procédures visées :

- Le comptage de un en un.

- L'utilisation des décompositions des nombres bien marquées sur les collections proposées, puis la transcription du nombre en écriture chiffrée.

Erreurs possibles :

- Erreur dans la composition, par exemple 4 et 4 ça fait 7.

5 Nombres et calcul • **Dénombrement jusqu'à 10**

- Erreur dans le comptage si celui-ci est utilisé (cf. séance 1).

- Erreur de compréhension de la consigne. L'élève répond deux nombres, chacun correspondant à la quantité de bonnets d'un groupement.

- Erreur dans la transcription du nombre.

Mise en commun et validation

La mise en œuvre est similaire à celle de la séance 1.

Si aucun élève n'a utilisé les compositions/décompositions des nombres, l'enseignant les met en évidence. Par exemple, pour la collection H, il énonce : « trois et encore deux, ça fait cinq ou trois et deux font cinq. » On pourra faire le lien avec les problèmes de réunion étudiés lors de la séquence 4.

Bilan

L'enseignant revient sur la procédure de comptage de un en un et sur l'utilisation des compositions/décompositions des nombres. Si la procédure de surcomptage n'est pas apparue, il n'est pas nécessaire de l'introduire maintenant, elle le sera dans la séquence 6 avec la résolution de problèmes de transformation, p. 30 du fichier de l'élève.

L'activité est reprise avec différentes collections de l'annexe p. 81.

La différenciation concerne aussi bien les élèves en difficulté que les élèves les plus rapides.

Ce que j'ai découvert p. 27

L'enseignant revient sur la procédure utilisant les décompositions des nombres. Il fait observer l'illustration et entourer les deux « paquets » de bonnets en faisant énoncer le nombre à chaque fois.

Les élèves complètent l'encadré du fichier écrivant le nombre de bonnets par paquets et en entourant l'ensemble des bonnets pour montrer qu'on s'intéresse au total. Enfin ils écrivent ce nombre total.

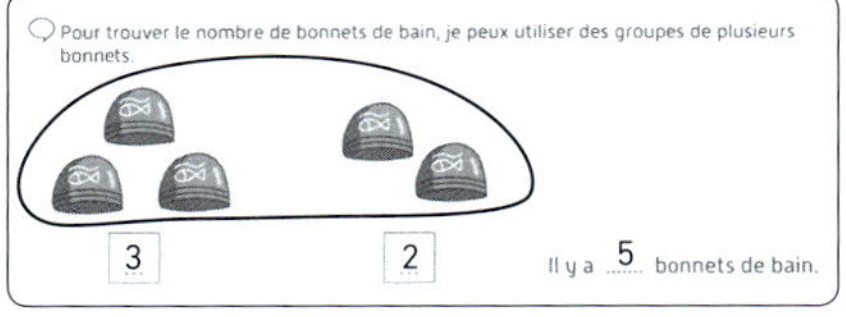

Séance 4

Objectifs de la séance

Dénombrer et réaliser une collection non manipulable comptant jusqu'à 10 éléments et connaître l'écriture chiffrée du nombre.

Matériel pour l'enseignant

- une reproduction agrandie de l'exercice 2 du fichier élève, p. 27.

Matériel par élève

- le fichier de l'élève, p. 27

Activité de réinvestissement Exercice 2 p. 27.

Tâche

Dénombrer des collections d'objets non manipulables et entourer la ou les cartes dont le nombre d'étoiles correspond au nombre écrit en chiffre.

Lancement

L'enseignant affiche le premier cas et fait comprendre la tâche à réaliser.

Recherche

Les différents cas font apparaître différentes compositions/décompositions.

Les procédures visées et les erreurs possibles sont les mêmes que celles décrites dans le déroulement de la séance 3.

Différenciation

Pour les élèves en difficulté

L'enseignant peut aider à organiser le parcours de la collection, les inciter à tracer ce parcours.

Pour les plus rapides

Exercice complémentaire n° 2 p. 79.

Mise en commun et validation

Pour les cas corrigés collectivement :

- Inventaire des réponses.

- Discussion autour des procédures utilisées et mise en évidence des compositions des nombres.

- Validation par numérotation des étoiles mais en interprétant bien chaque nombre comme la quantité d'étoiles déjà considérées.

Réponses

Il faut entourer :

Cas 1 : les cartes 1 et 2 ; cas 2 : les cartes 2 et 3 ; cas 3 : toutes les cartes ; cas 4 : la carte 1.

Bilan

L'enseignant met en évidence la possibilité d'utiliser des compositions de nombres. Il entoure chaque groupe d'étoiles en énonçant leur nombre et conclut

Extraits supplémentaires gratuits
www.editions-sed

sur le nombre total. C'est par une utilisation fréquente et variée de ces compositions que les élèves les retiendront.

Activité de réinvestissement Exercice 3 p. 28.

Tâche

Réaliser une collection d'une quantité donnée en modifiant une collection existante par ajout ou retrait d'éléments.

Lancement

L'enseignant affiche le premier cas agrandi et faire comprendre la tâche à réaliser. Indiquer ou faire trouver qu'il faut dessiner des ronds pour obtenir le nombre écrit à gauche ou rayer des ronds lorsqu'il y en a trop.

Recherche

Le premier cas, collection de 4 éléments, permet une appropriation de la tâche. Pour les nombres suivants plus grands, les collections sont davantage organisees selon des constellations connues.

Les procédures visées et les erreurs possibles sont les mêmes que celles décrites dans le déroulement de la séance 3.

Différenciation

Pour les élèves en difficulté

L'enseignant peut proposer des jetons pour matérialiser les collections représentées sur les cartes.

Pour les plus rapides

Exercice complémentaire n° 3 p. 79.

Mise en commun et validation

Pour les cas corrigés collectivement :

- Inventaire des réponses.
- Discussion autour des procédures utilisées, en particulier celle qui utilise les décompositions des nombres lorsqu'il s'agit d'ajouter des éléments aux collections représentées.
- Validation par numérotation des ronds mais en interprétant bien chaque nombre comme la quantité de ronds déjà considérés.
- Pour les cartes à compléter, la décomposition utilisée sera oralisée. Par exemple pour la première, deux ronds déjà dessinés et deux ronds en plus, ça fait bien quatre ronds. 2 et 2, ça fait 4.

Réponses

Cas 1 : carte 1 : ajouter 2 ronds ; carte 2 : ajouter 1 rond ; carte 3 : barrer 1 rond.

Cas 2 : carte 1 : ajouter 3 ronds ; carte 2 : ajouter 2 ronds ; carte 3 : barrer 1 rond.

Cas 3 : carte 1 : ajouter 1 rond ; carte 2 : barrer 1 rond ; carte 3 : ajouter 3 ronds.

Bilan

Retour sur les procédures de comptage de un en un et de dénombrement qui utilise les compositions/décompositions des nombres. Plus les élèves vivront des situations mettant en évidence ces décompositions et permettant leur oralisation, plus ils mémoriseront facilement les résultats qui sont en fait ceux des tables d'addition.

Dernière séance

La dernière séance propose deux activités : une activité d'entraînement, pour revenir sur la notion, ainsi qu'une activité de recherche.

Je m'entraîne à mon rythme

Le mot codé

Objectif

Dénombrer des collections de moins de dix éléments. Les collections de points rendent plus ou moins difficile le comptage.

Réponse

ÉCOLE

Aide à apporter aux élèves en difficulté

Agrandir l'exercice pour que des jetons puissent être placés sur les points. Leur dénombrement peut alors être repris en plaçant un jeton sur chaque point et ainsi utiliser une collection d'objets déplaçables pour revenir sur les différentes difficultés liées au comptage.

Je cherche

De pierre en pierre

Objectifs

Construire des collections ayant dix éléments.

Plusieurs chemins sont possibles. L'enseignant pourra inciter les élèves les plus rapides à en trouver plusieurs.

Il vaut mieux conseiller de travailler avec un crayon à papier et une gomme pour gérer les essais.

Avant de laisser les élèves en autonomie, s'assurer que les élèves comprennent ce que signifient deux pierres voisines.

Mon année de **maths** CP Cycle 2

Les exercices supplémentaires favorisent la différenciation.

Exercice 1 **Entoure** sur la frise le nombre de balles ou de ballons.

0	1	2	3	4	5	6	7	8	9	10

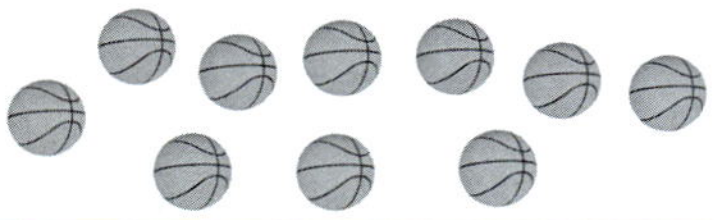

0	1	2	3	4	5	6	7	8	9	10

Exercice 2 **Écris** sous chaque carte le nombre d'étoiles qu'elle comporte.

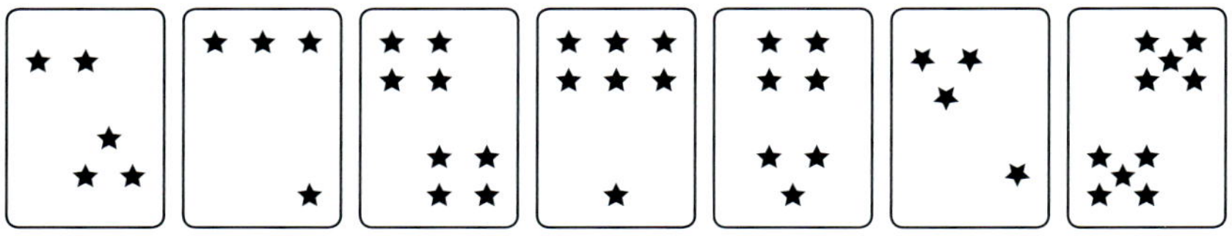

...	...	...	...	...	...	...

Exercice 3 Le nombre total de ronds sur chaque carte est écrit en dessous.
Parfois ceux déjà dessinés sont cachés, leur nombre est écrit sur le cache.
Dessine ce qui manque.

4	8	7	10	6	9	5

Exercices complémentaires

Nom : .... **Prénom** : ....

Pour chaque séquence, une évaluation permet de faire le point sur les acquis.

Extraits supplémentaires gratuits
www.editions-sed

5 Nombres et calcul • **Dénombrement jusqu'à 10**

Évaluation

Exercice **1** **Entoure** le nombre de bonnets de bains sur la frise.

0	1	2	3	4	5	6	7	8	9	10

Compétences : • Savoir dénombrer une quantité d'objets non manipulables inférieure ou égale à dix par la procédure de comptage de un en un.
• Reconnaître l'écriture chiffrée du nombre.

Exercice **2** **Relie** chaque carte au nombre d'étoiles qu'elle comporte.

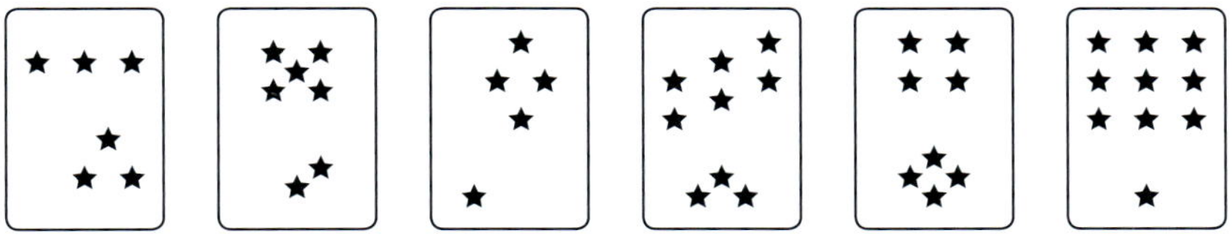

5 6 7 8 9 10

Compétences : • Savoir dénombrer une quantité d'objets non manipulables inférieure ou égale à dix par la procédure de comptage de un en un ou l'utilisation des décompositions des nombres. • Reconnaître l'écriture chiffrée du nombre.

Nom : . . . . Prénom : . . . .

☐ Acquis
☐ En cours d'acquisition
☐ Non acquis

L'élève est évalué à partir de situations déjà travaillées dans le fichier de l'élève.

Les compétences de chaque activité sont rappelées.

Des fiches annexes à photocopier, quand c'est nécessaire.

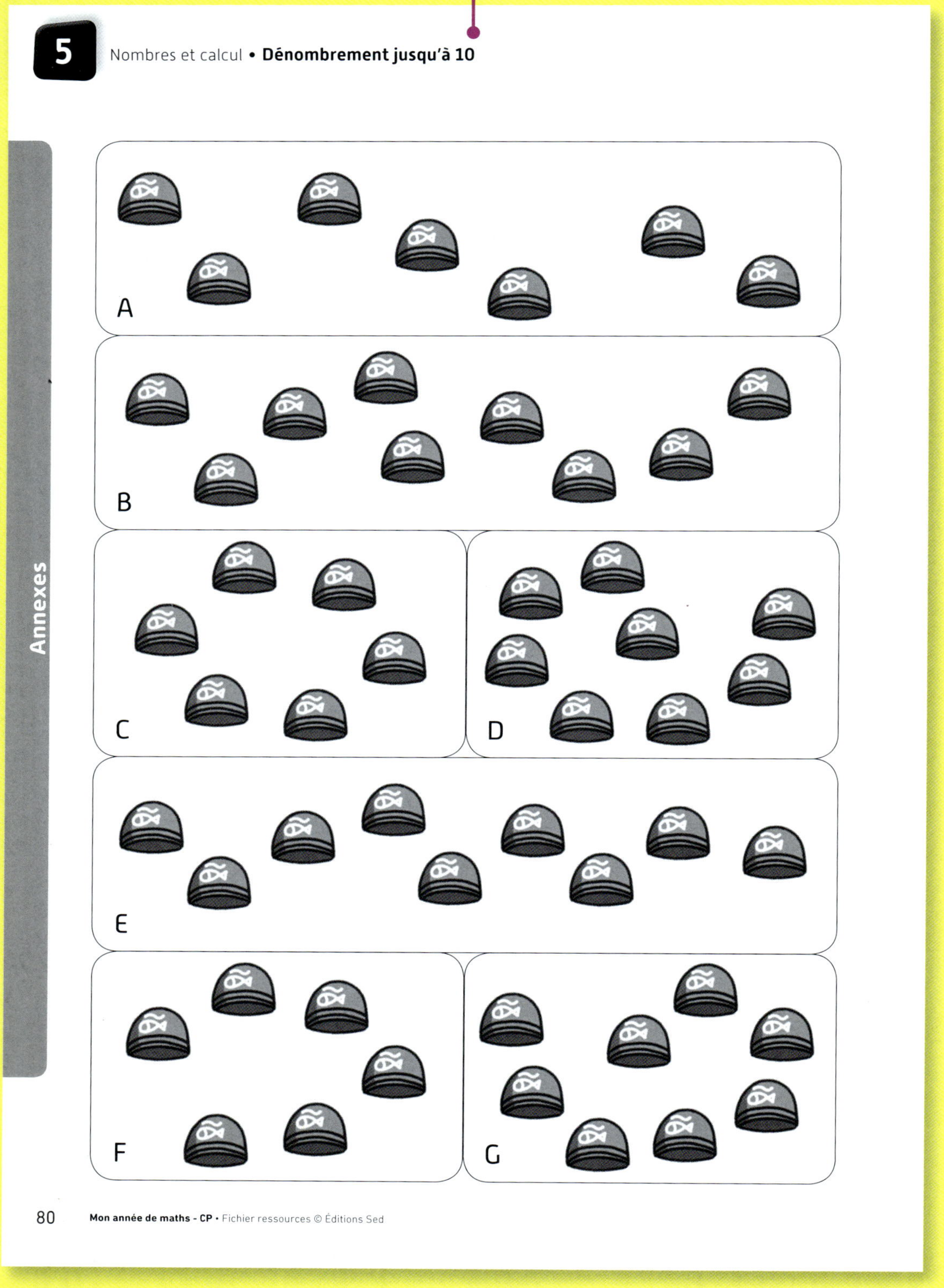

5 Nombres et calcul • **Dénombrement jusqu'à 10**

Annexes

A

B

C

D

E

F

G

80 **Mon année de maths - CP** • Fichier ressources © Éditions Sed

Dans la même collection...

NOUVEAUX PROGRAMMES

Mon année de maths • PS-MS-GS

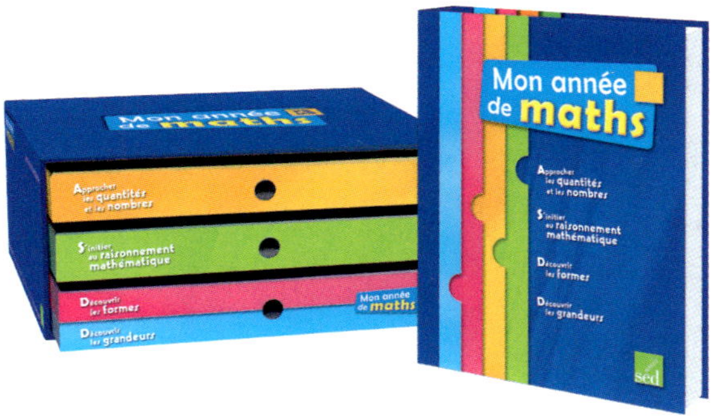

Tout le programme de mathématiques
à chaque niveau du cycle 1

Mon année de maths • Cycle 2

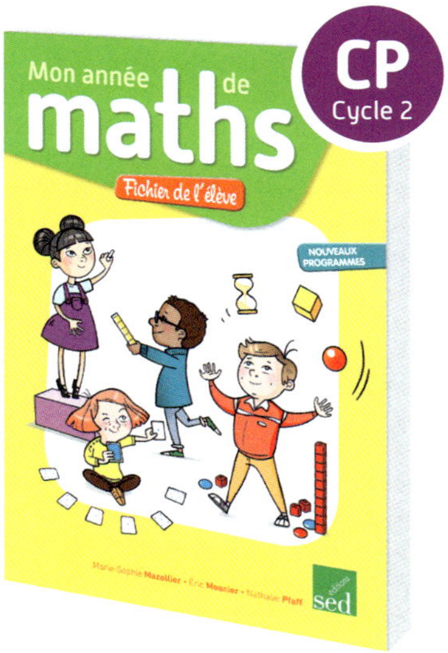

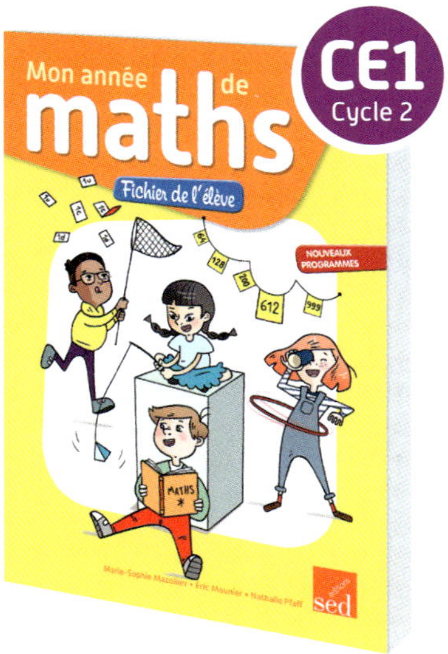

Tout le programme de mathématiques du cycle 2